THIRTY-SIX STRATAGEMS

看图秒懂
三十六计

不知先生　编著

江苏人民出版社

图书在版编目（CIP）数据

看图秒懂三十六计 / 不知先生编著 . -- 南京：江苏人民出版社, 2024. 9. -- ISBN 978-7-214-29527-9

Ⅰ. E892.2-49

中国国家版本馆CIP数据核字第2024AR9921号

书　　　　名	看图秒懂三十六计	
编　　　著	不知先生	
项 目 策 划	凤凰空间／高雅婷	
责 任 编 辑	刘　焱	
装 帧 设 计	李　璐	
特 约 编 辑	高雅婷	
出 版 发 行	江苏人民出版社	
出 版 社 地 址	南京市湖南路1号A楼，邮编：210009	
总 经 销	天津凤凰空间文化传媒有限公司	
总 经 销 网 址	http://www.ifengspace.cn	
印　　　刷	河北京平诚乾印刷有限公司	
开　　　本	787mm×1 092 mm　1/16	
字　　　数	88千字	
印　　　张	5.5	
版　　　次	2024年9月第1版　2024年9月第1次印刷	
标 准 书 号	ISBN 978-7-214-29527-9	
定　　　价	49.00元	

（江苏人民出版社图书凡印装错误可向承印厂调换）

目录 CONTENTS

《三十六计》36个理论可视化

　　《三十六计》，或称《三十六策》，是一部兵法奇书，语源于南北朝，成书于明清。记载了三十六条兵法计谋。它以《易经》为基础，引用《易经》二十七处，涉及"六十四卦"中的二十二卦。根据其中的阴阳变化，推演出一套适用于兵法中的刚柔、奇正、攻防、彼己、主客、劳逸等对立转换变化，这些原理不仅体现了极强的辩证思维，也为我们提供了一套灵活多变的思维策略。然而，随着时代的变迁，对现代人来说，理解与应用其智慧并非那么简单。为了让更多人能够直观地阅读并应用《三十六计》，我们特别推出了《看图秒懂三十六计》，本书以中华书局出版的《孙子兵法·三十六计》为底本，以思维模型图和文字解读相结合的方式，将每一计的精髓和内涵生动地呈现出来，旨在帮助读者快速把握其核心思想和应用要点。

　　在编写过程中，我们忠实于原著的兵法理论，同时融入现代审美和设计理念，精心选择了既符合现代人审美需求，又能彰显传统文化底蕴的视觉元素和色彩搭配。每一幅图都经过精心设计和反复打磨，力求以直观、最简洁的方式展现每一计的精髓和内涵。

　　将《三十六计》理论进行可视化处理，不仅是对传统文化的传承和创新，更是对古老智慧的现代诠释和发扬。我们希望通过这种方式，打破时间的壁垒，让古老的智慧在现代社会焕发出新的光彩。无论是职场竞争、商业谈判，还是生活琐事、人际交往，《三十六计》中的智慧都能为我们提供独特的视角和解决问题的方法。

　　愿这本书成为您生活中的智慧手册，助您在纷繁复杂的世界中从容应对挑战，启迪智慧新篇章。

三十六计——总说

【原文】 　　用兵如孙子，策谋三十六。六六三十六，数中有术，术中有数。阴阳燮理，机在其中，机不可设，设则不中。

　　按语： 解语重数不重理，盖理，术语自明；而数，则在言外，若徒知术之为术，而不知术中有数，则数多不应。且诡谋权术，原在事理之中，人情之内。倘事出不经则诡异立见，诧世惑俗而机谋泄矣。或曰，三十六计中，每六计成为一套，第一套为胜战计，第二套为敌战计，第三套为攻战计，第四套为混战计，第五套为并战计，第六套为败战计。

【译文】 　　带兵打仗，就应像孙武那样，高屋建瓴，操控全局战略。而求胜战术的智谋，应学习并灵活使用三十六计。六六三十六，在计算、筹划中设计策略，而策略却又依赖周密的计算。这就是"阴阳燮理"——相反相成原理的运用，作战策略就是这样制定的。机谋不可勉强安排，勉强安排就难以成功。

　　按语： 解语重计算而不重空讲道理。道理中的方法是明确的，而根据现实的计算却不是预先讲得清楚的。如果只知道为策略而策略，而不知道策略的制定是依赖于周密的计算，则那种策略运用起来多半是不能成功的。而密计和应变的手段，本来就合乎事理人情。倘若使用术法计谋者做事不合常规，则密计立刻会被发现，引世人怀疑和惊讶，而机谋也就必然泄露了。有人说：三十六计中，每六计为一套。第一套胜战计，第二套敌战计，第三套攻战计，第四套混战计，第五套并战计，第六套败战计。

【启示】 　　除了上文中对于数与术的解释，还有一种解释。"六六三十六"是比喻"六"与"六"的关系是相互作用的，如一阴一阳之谓道。"三十六"是道、是无限之变化，简而言之"六六三十六"中寓意着客观与主观的辩证关系。"数（客观规律）中有术（主观方略），术中有数"，即客观规律是主观方略的依据，主观方略建立在客观规律之上。阴阳和谐，对立统一，即客观事物的矛盾性，机谋就在这其中，机谋不能凭借你的主观意志凭空设想，这与客观规律是不相符的，就比如冬天开地播种，这仅仅是凭空设想，仅仅是主观臆断，这样的选择必然是失败的。客观规律不以人的意志为转移，想做事，想做对的事，只有认识了客观事物的规律性，才能正确地掌握和运用方式和方法。

📝 **总结：** 生活中面对困难和挑战时，应该学会灵活运用智慧和策略，以最小的代价获得最大的成功。

在计算、筹划中设计策略，而策略却又依赖周密的计算

数中有术——知彼知己，知天知地，对全局有了筹划与周密的计算，才能设想具体策略
术中有数——具体策略依赖于周密的计算，且随着计算的变化而变化

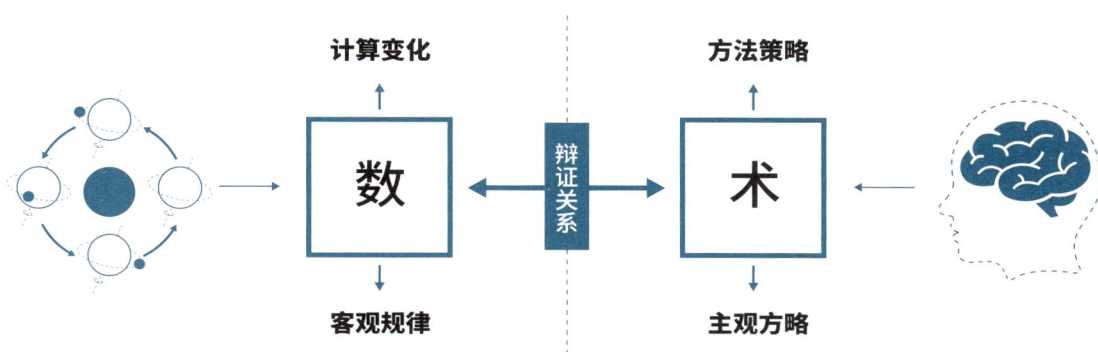

计算变化　　　　　　　方法策略

数 ←→ 辩证关系 ←→ **术**

客观规律　　　　　　　主观方略

解释2

客观规律是主观方略的依据，主观方略建立在客观规律之上

数中有术——认识了客观规律就会有主观方略的生成
术中有数——主观方略要顺应于客观规律的发展变化

1	2	3	4	5	6
胜战计	敌战计	攻战计	混战计	并战计	败战计

| 我强敌弱的
条件下
所施的计谋 | 双方势均力敌
情况下
所施的计谋 | 筹划谋攻取胜
条件下
所施的计谋 | 用于混乱
局势下
所施的计谋 | 用于备战
条件下
所施的计谋 | 处于劣势下
所施的计谋 |

01. 瞒天过海

【原文】 备周则意怠，常见则不疑。阴在阳之内，不在阳之对。太阳，太阴。

按语： 阴谋作为，不能于背时秘处行之。夜半行窃，僻巷杀人，愚俗之行，非谋士之所为也。如：开皇九年，大举伐陈。先是弼请缘江防人，每交代之际，必集历阳，大列旗帜，营幕蔽野。陈人以为大兵至，悉发国中士马，既而知防人交代。其众复散，后以为常，不复设备，及若弼以大军济江，陈人弗之觉也。因袭南徐州，拔之。

【译文】 准备越周密则意志越容易产生懈怠，对常见之事不加怀疑，则易生轻视之心。把秘密隐藏在公开的行动中，而不是与公开的行动对立。非常公开的行动中往往隐藏着非常秘密的阴谋。

按语： 阴谋诡计不能背着人和在隐蔽的地方进行。半夜行窃，在偏僻的胡同杀人，是愚蠢世俗的行为，不是谋士所干的。公元589年，隋朝大举攻打陈国。陈国是在公元557年由陈霸先称帝建国，建都城于建康（也就是今天的南京）。战前，隋朝将领贺若弼因奉命统领江防，经常组织沿江备部队调防。每次调防都命令部队于历阳（安徽省和县一带）集中。还特令三军集中时，必须大列旗帜，遍支警帐，张扬声势，以迷惑陈国。果真陈国难辨虚实，起初以为大军将至，全力调动士卒兵马，准备迎敌面战。可是不久，又发现是隋军守备人马调防，并非出击，陈国便撤回集结的迎战部队。如此，隋军调防频繁，不露蛛丝马迹，陈国也司空见惯，戒备松懈。直到隋将贺若弼大军渡江而来，陈国仍未有觉察。隋军如同天兵压顶，令陈兵猝不及防，遂一举攻占陈国的南徐州（江苏省镇江市一带）。

【启示】 周全至极是不周全，也就容易产生懈怠之心；常见至极是不寻常，也就容易少了防范警惕之心。两者不是独立的对立关系，而是包含关系，是你中有我，我中有你的关系。不周全隐藏在周全内，周全也隐藏在不周全内；寻常隐藏在不寻常中，不寻常也隐藏在寻常之中。瞒天过海出自《永乐大典·薛仁贵征辽事略》，"瞒"是手段，"天"是要瞒的对象，此处的"对象"泛指所有对实施"瞒"的人有威胁的对象，"过海"是瞒的目的。简单讲，瞒天过海即通过制造假象来掩盖事实真相，以此实现目标。与《孙子兵法》中"虚实"的不同在于，虚实强调的是对战局与形势的判断，"瞒天过海"强调的是欺骗和伪装。

总结： 做决策时需要实事求是地结合实际情况进行分析，综合判断因素之间的相互作用及其关系。

一个利用人们见多不怪的思维定式制造错觉之计谋

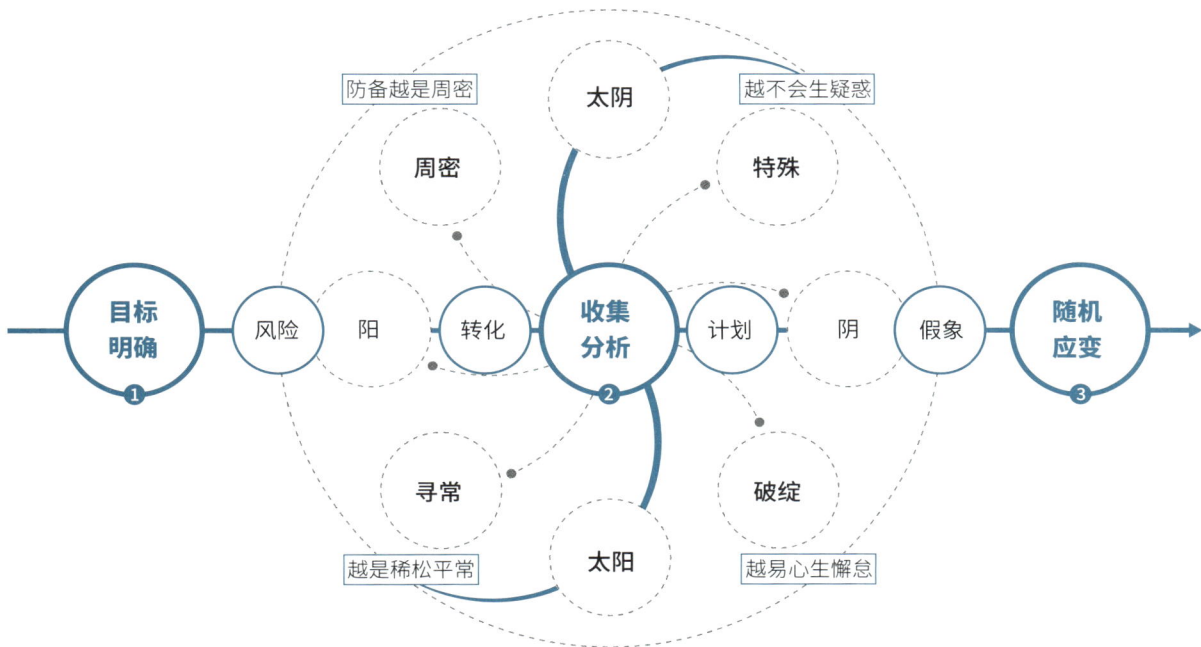

防备越是周密
越不会生疑惑
太阴
周密
特殊
目标明确 ①　风险　阳　转化　收集分析 ②　计划　阴　假象　随机应变 ③
寻常
破绽
越是稀松平常
太阳
越易心生懈怠

"瞒天过海"的思维路径

❶ 手段："瞒"是手段，瞒之前分析、明确目标，以及目标的实现难度和可能面临的风险，此为"瞒"的前提。

❷ 对象：对要"瞒"的对象充分了解，对其相关信息进行收集整理分析，在此基础上，制定计划，设计"瞒天"的假象。

❸ 目的："过海"是目的，是具体的行动方针，行动方针要根据实际情况随机应变，以确保目标不受影响。

如何规避"瞒天过海"之计？

坚持学习，无论是读书学习还是实战学习，目的都在于提升自身认知，提高自身判断能力。

笛卡尔说：决不把任何没有明确认识其为真的东西当作真的加以接受。因此要保持怀疑，不盲目信任。

物极必反，事出反常必有妖，太过正常也有妖。提升洞察力，要有主动思考问题，分析问题的能力。

反思并学会透过现象看本质，世间真真假假、虚虚实实，唯有你自己看清，才是真正的看清。

02. 围魏救赵

【原文】

共敌不如分敌，敌阳不如敌阴。

按语： 治兵如治水，锐者避其锋，如导疏；弱者塞其虚，如筑堰。故当齐救赵时，孙子谓田忌曰："夫解杂乱纠纷者不控拳，救斗者不搏击，批亢捣虚，形格势禁，则自为解耳。"

【译文】

攻打兵力集中的敌军，不如将其兵力分流以击之；正面攻打敌军，不如出奇击打其气势薄弱之处。

按语： 治理军队如同治理洪水，对来势凶猛的敌人要避开其锋芒，就好比治理洪水要疏导水流一样；对弱小的敌人要堵截歼灭，就好比治理洪水要筑堤堵水一样。所以，在齐国解围救赵的时候，孙子对田忌说：解开杂乱纠纷的线索不要用拳头，制止别人的斗殴不要参与搏击。只要抓住要害，乘虚而入，采取迂回战术，就会自然解开。

【启示】

治兵如治水，《孙子兵法》中讲："夫兵形象水，水之形避高而趋下，兵之形避实而击虚。"围魏救赵一方面讲的是形与势、虚与实、奇与正的问题。面对强敌，不正面硬扛，玩虚招、奇招；不玩正面，玩侧面，化解你，拆分你，就是这个意思。另一方面，"分"在这里不仅仅是拆分，也有分散注意力的意思，其本质是通过攻打敌方薄弱处，迫使对方回援，以达到解围的目的。如两个拳击手，击打对方的薄弱之处，让其不得不总是回援防护，分其心志，避免硬扛。

总结： 人类的弱点之一，在于我们时常会陷入"具体"的事物中，从而遮蔽了去观察全局的"眼睛"。

一个绕开问题的表面现象，从事物的本源上去解决问题之计谋

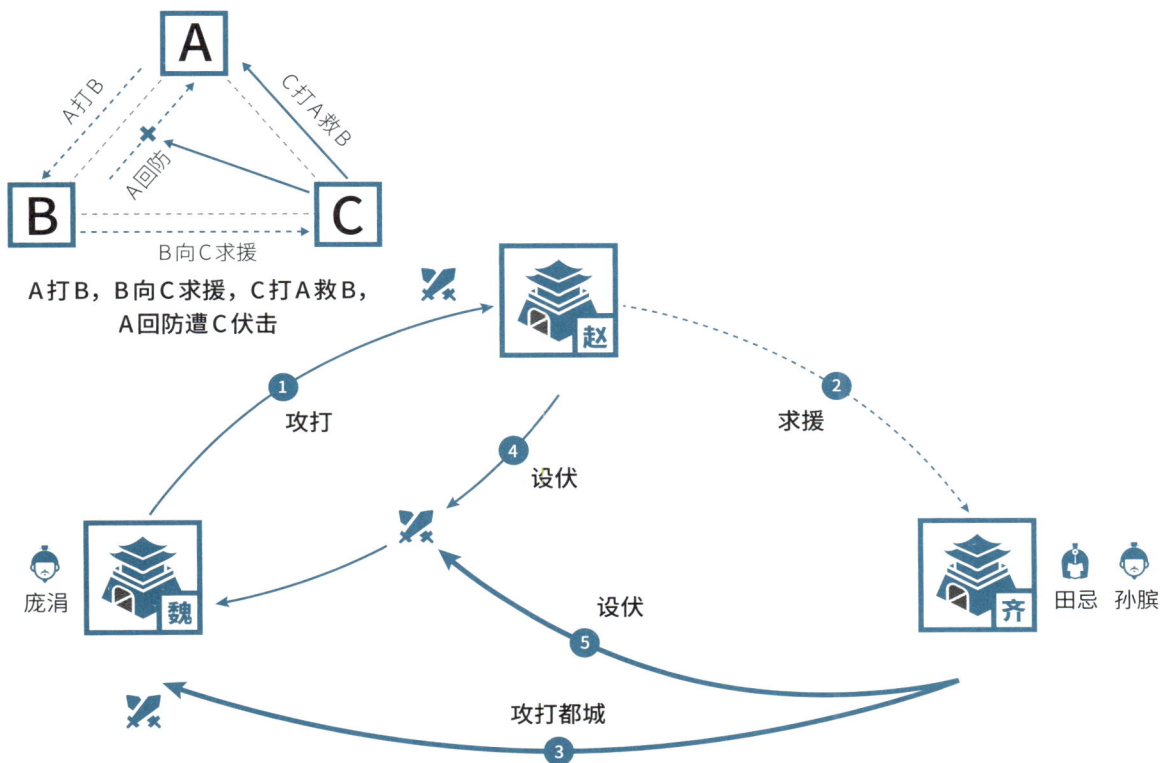

A打B，B向C求援，C打A救B，
A回防遭C伏击

围魏救赵是中国历史上著名的战役之一，发生在战国时期。公元前353年，魏国派兵攻打赵国都城邯郸，赵国向齐国求援。齐国大将田忌和军师孙膑率领军队援救赵国。孙膑建议田忌采取"围魏救赵"的策略，先攻打魏国的都城大梁，迫使魏国撤军回援。田忌采纳了孙膑的建议，率领齐军进攻大梁。魏军被迫从邯郸撤军，回援大梁。齐军在魏军回援的路上设伏，大败魏军。"围魏救赵"是孙膑运用计谋和策略的典范，充分体现了中国古代军事家的智慧和谋略。这场战役不仅成功解救了赵国，还使得齐国的声威大振，为齐国在战国时期的崛起奠定了基础。

如何规避"围魏救赵"之计？

怎样才能消除仇恨？马斯克这样回答：比仇恨你的人更强大，让他们无法毁灭你，然后原谅他们。任何时候，我们都要保持学习，并不断地提升自己，以此来面对强大的未知，不要有依赖心。

事前请务必充分了解对方的信息，知彼知己、知天知地，这是建立全局思维的基础。在此基础上，你才能看到事物的整体样貌，才能因敌制胜，及时随着变化而变化。

03.借刀杀人

【原文】 敌已明，友未定，引友杀敌，不自出力，以《损》推演。

　　按语： 敌象已露，而另一势力更张，将有所为，便应借此力以毁敌人。如：郑桓公将欲袭郐，先向郐之豪杰、良臣、辨智、果敢之士尽书姓名，择郐之良田赂之，为官爵之名而书之，因为设坛场郭门之处而埋之，衅之以鸡猪，若盟状。郐君以为内难也，而尽杀其良臣。桓公袭郐，遂取之。诸葛亮之和吴拒魏，及关羽围樊、襄，曹欲徙都，懿及蒋济说曹曰："刘备、孙权外亲内疏，关羽得志，权必不愿也。可遣人劝蹑其后，许割江南以封权，则樊围自释。"曹从之，羽遂见擒。

【译文】 　　敌方的态度已经明确了，而盟友的态度还没有明确，要诱导盟友去摧毁敌方，不用耗损自己的力量。此逻辑是依据《损》卦推演出来的计谋。

　　按语： 敌方已显露形迹，而另一股势力更强大，将要有作为，便应该借助这股力量来摧毁敌人。例如，郑桓公将要袭击郐国，先找到郐国的豪杰，良臣，有智慧、果敢的人士，把他们的姓名全部写下来，选择郐国的良田许诺给他们，又为他们设置官爵和俸禄，也记录下来，于是就在城门郭的外面设坛埋入人名、财物，用鸡猪祭奠盟约。郐君以为国内发生内乱，于是把良臣全部杀了。桓公袭击郐国，于是占领了郐国。又如，诸葛亮联合东吴共同抵抗曹操，到关羽围困樊城、襄阳时，曹操想迁都，司马懿和蒋济劝说曹操："刘备、孙权表面亲近而内心疏远，关羽得志，孙权心里是不愿意的。可以派人暗中挑拨离间他们之间的关系，答应割取江南之地给孙权，那么樊城的围困就会自然解除。"曹操听从他们的建议，关羽于是被擒获。

【启示】 　　《易经·损》卦中《象》曰："损下益上，其道上行。"损是损失，是舍；益是获益，是得。损中有益，益中有损，两者相互转化、对立统一。《损》卦本意在于"主动损己"，即主动降低、减少自身欲望、需求等，以适应周围环境的变化。简而言之，适当取舍、主动让步，以达到和谐状态。讲清楚《损》卦，诸位就了解"借刀杀人"是怎样推出来的了。"借刀杀人"的本质是——"力"的调用，是手段，是策略。是利用他人之力，比如力量、资源、能力，实现自己目的的手段。如国与国的战争，政治斗争中的权力角逐，《孙子兵法》讲，战争是政治的继续；再如生活、工作中的人与人的博弈，企业与企业的商业竞争等等。

　　📝 **总结：** "借刀杀人"之计容易引发道义上的争议，能不用则不用，但江湖险恶，懂得总比不懂好点。

利用第三方力量来达到自己目的之计谋

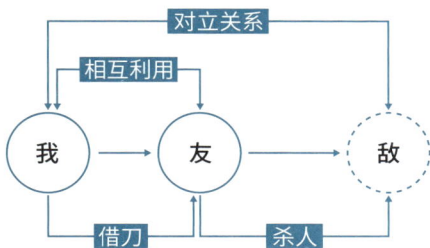

41

下兑上艮 山泽损

损（sǔn）

对立关系

相互利用

我 → 友 → 敌

借刀　杀人

晋

齐

鲁　子贡

吴

越

借刀先送刀，送出四把刀，最终实现了摧毁敌方保护自己的目的。

子贡的逻辑——借刀先送刀

❶ 游说齐国

齐相田常正蓄谋篡位，急于铲除异己。子贡送给田常一把"刀"。子贡说，"忧在外者攻其弱，忧在内者攻其强"。意思是说田常你想铲除异己，最好的办法是战争，只有与强国发生战争，异己者才会因战争被调出去作战，你就可以篡位了。打弱小的鲁国，异己者打了胜仗，反而更难铲除。这把"刀"你要不要？田常说："要。"

❷

游说吴国伐齐，如此是为了送给齐相田常一把"刀"，但同时也是送给吴王夫差一把"刀"。子贡对吴王夫差说齐攻下鲁，势力就更强大了，随后就是伐吴。你我联盟伐齐，你就更强大了，就可以和最强的晋国相抗衡了。这把"刀"可以让你提升一个段位啊，要不要。夫差说："要。"

❸

子贡送出去两把"刀"，第三把送给越国，一是解除夫差的后顾之忧，二是对越国自身有利。

❹

游说晋国，是考虑吴国伐齐成功后会要挟鲁国，于是和晋定公说，吴伐齐成功，势力强大，必定伐晋。这是子贡送出的第四把"刀"。

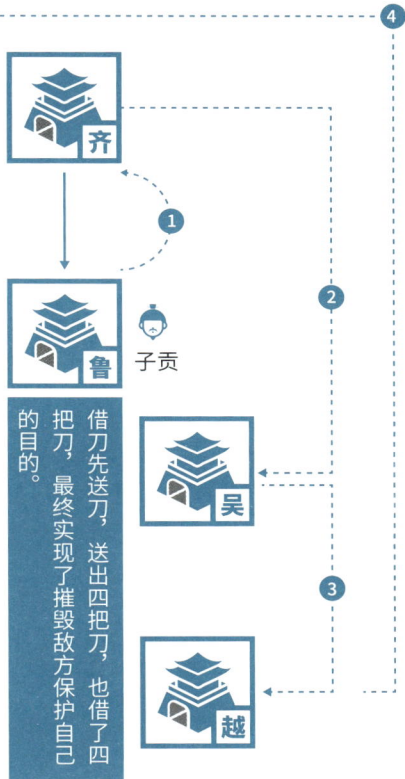

如何规避"借刀杀人"之计？

"借刀杀人"是三个及多个元素的利益链关系，凡事三思而后行，做之前，知彼的工作要做够，对方的上下游利益链要了解。

"损己利人"，很多时候，该舍则舍，要清楚这个世界的基本规律是舍之后有得，得之后有舍。该舍时不舍，即是与规律唱反调。

保持终身学习，江湖险恶，不害人但要懂得防人之心不可无，通过学习提升自己的判断力，增强抵御风险的意识与技能。

04. 以逸待劳

【原文】 困敌之势，不以战；损刚益柔。

按语： 此即致敌之法也。兵书云："凡先处战地而待敌者佚，后处战地而趋战者劳。故善战者，致人而不致于人。"兵书论敌，此为论势，则其旨非择地以待敌，而在以简驭繁，以不变应变，以小变应大变，以不动应动，以小动应大动，以枢应环也。如：管仲寓军令于内政，实而备之；孙膑于马陵道伏击庞涓；李牧守雁门，久而不战，而实备之，战而大破匈奴。

【译文】 使敌人陷入困境，并非只有直接进攻的手段；还可以采取"损刚益柔"的原理，让敌人由强变弱。

按语： 这就是调动敌人的方法。兵书上说：凡是先占据战场等待敌人的就从容、主动，后占据战场仓促应战的就疲劳、被动。所以，善于指挥作战的人，总是调动敌人而不被敌人所调动。兵书讲的是如何对敌作战，这里讲的是如何顺势、主动地驾驭战争。它的主旨不是选择地形来等待敌人，而是以简单应对复杂，以不变来应对变化，以小变来应对大变，以静制动，以小动应对大动，以关键环节应对周围的事物。管仲将军队部署在国境以内，做好战争准备，以逸待劳；孙膑在马陵道伏击庞涓；李牧在雁门关坚守不出，很久不作战，实际上却在暗中做好充分的准备，一旦开战就大败匈奴。

【启示】 《孙子兵法·军争篇》曰："以近待远，以佚待劳，以饱待饥，此治力者也。"意思是抢先占领战略要地，以逸待劳，调整准备，以等待远道而来的、疲惫至极的、饥肠辘辘的敌军。先到达战场就掌握了战争的主动权，后到达战场难免只能仓促应战，就没有了主动权。"损刚益柔"出自《易经·损》，"刚"与"柔"是对立转化关系，刚中有柔，柔中带刚，两者相互对立且相互统一。在讲《孙子兵法》时我们就说了，能打就打，不能打就跑，能打怎么打？可以以柔克刚。面对强大的敌人，敌人是刚，我方是柔，硬打打不过我可以"柔"，采用"疲惫"之法拖垮敌人，使其由强变弱，从而掌握战争主动权。

📝 **总结：** 以逸待劳之计的前提在于主动去做，在于瞅准时机，还在于能有全局视角，不可盲目使用。

41

下兑上艮 山泽损

损（sǔn）

把握战场的主动权，疲劳敌人，然后捉住战机，克敌制胜之计谋

A ← 两军对垒争的是——主动权 → B

✗ A ← 直接对战 → B

✓ → ⚑ ← 拼速度，先占位

✓ A ━━━━━ B 使敌疲惫

相互转化 刚 柔 对立统一

A国
A国
A国的力量在衰减

B国
B国的力量在汇集

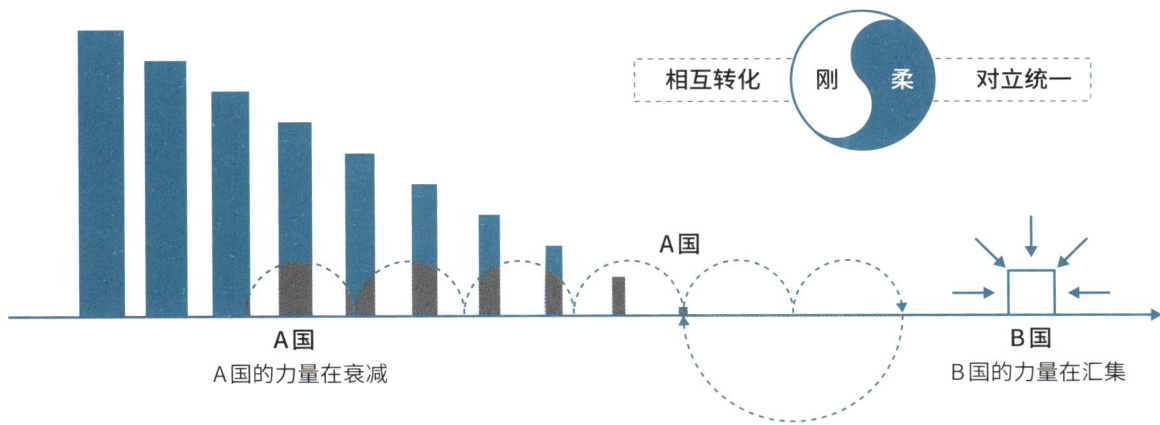

如何规避"以逸待劳"之计？

当遇到问题时，硬碰硬往往没有什么好结果，换个角度，使对方疲惫，使对方无法思考，使对方陷入被动，让主动权时刻在你手中。

博弈中，知彼的工作要做，要有警觉性，针对对方的变化而变换自己的对策，你想让对方消耗，对方同样想让你消耗。
生活、工作中难免会遇到强大

的对手，对手越弱小，越要保持警惕，防止对方消耗你；面对强大的对手，能打就打，不能打就走。

05. 趁火打劫

【原文】 敌之害大，就势取利，刚决柔也。

按语： 敌害在内，则劫其地；敌害在外，则劫其民；内外交害，则劫其国。如：越王乘吴国内蟹稻不遗种而谋攻之，后卒乘吴北会诸侯于黄池之际，国内空虚，因而捣之，大获全胜。

【译文】 当敌人陷入危难时，趁此机会果断取利，这是从《易经·夬》卦辞"刚决柔也"一语中悟出的道理。

按语： 敌方有内忧，就赶紧占领他的领土；敌方有外患，就争夺他的百姓；如果内外交迫，就劫持他的国家。例如，越王勾践趁吴国遭受严重干旱，连螃蟹、水稻都干死了，国内一片混乱，百姓怨声四起，就图谋攻打吴国，后来终于趁吴王北上去黄池与诸侯会见，其国内空虚的时机，发动攻击，取得了巨大的胜利。

【启示】 此计精髓在于识别并利用对手的脆弱时刻，但《易经》的"夬卦"（《易经》第四十三卦——夬卦中《彖》曰：夬，决也，刚决柔也。健而说，决而和，扬于王庭，柔乘五刚也。）提醒我们在做决断时须适度，避免过于刚硬，以免造成不必要的对立局势。在现代决策中，这意味着我们应该在保持敏锐洞察力的同时，也要有冷静的头脑和适度的行动。把握机会时，我们应坚守原则，不被短期困难所动摇，同时尊重并倾听他人意见，以确保决策的全面性和可执行性。通过结合《易经·夬》卦中的指导，我们可以将"趁火打劫"转化为一种深思熟虑的决策艺术，不仅有效利用机遇，还能维护人际和谐与个人原则。

总结： 利用对手的危机时刻，以果断而适度的行动来实现自身战略目的。

利用敌人内部的混乱和矛盾，从中获取利益之计谋

趁火打劫的另一视角——在混乱和危机中寻找机会
通过敏锐的洞察力把握时机

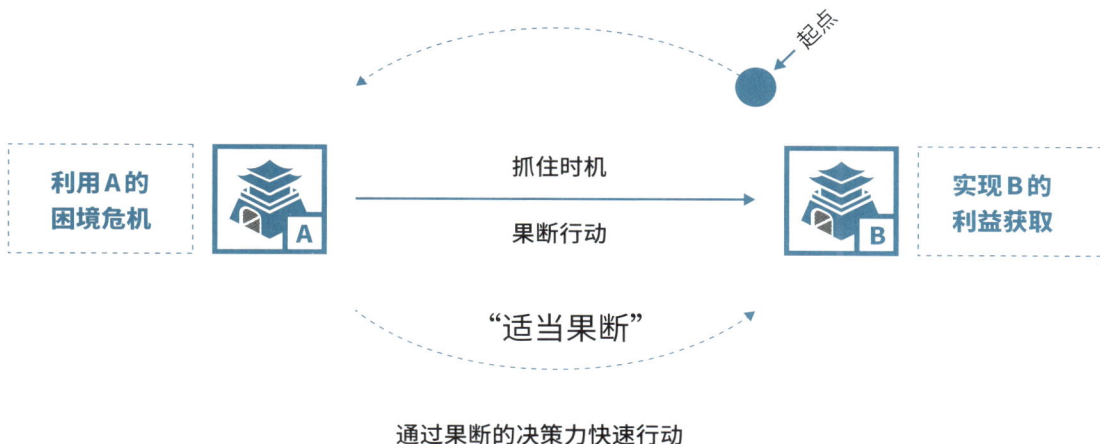

43

下乾上兑 泽天夬

夬（guài）

起点

利用A的
困境危机

A

抓住时机

果断行动

B

实现B的
利益获取

"适当果断"

通过果断的决策力快速行动

"趁火打劫"之计的前提条件

1	2	3	4
知彼：《孙子兵法》计于庙堂之上，计算之一便是将对方的优劣势进行计算统筹，包含对其长处、短处、真实需求等情况的深入了解。	知己：是对自身优劣势的计算。趁火打劫之计中，对自身实力及长处、短处的客观认识与了解是实施此计的必要条件。	时机：能够及时洞察对方的破绽或困境，这便是《孙子兵法》中所提到的"先为不可胜，以待敌之可胜"，机会来了，迅速反应。	底线：此计存在道德层面的风险，它有损于实施方的长期可持续的发展规划，易造成内部及外部的尊重与信任危机。

如何规避"趁火打劫"之计？

知彼知己，百战不殆，颠覆某个行业的往往是这个行业之外的企业，所以很难锁定所谓的对手。对此，不妨大胆假设，做好预防工作。

生活、工作中，害人之心不可有，防人之心不可无。防范意识可以帮助我们对于可能发生的危机有所预判，降低被"趁火打劫"的风险。

"先为不可胜，以待敌之可胜"，这是一盘大棋，无论何时，不要太在意眼前的小利，当以长期可持续发展为目标。简单讲，不要贪。

13

06.声东击西

【原文】　　敌志乱萃，不虞，坤下兑上之象，利其不自主而取之。

　　按语： 西汉，七国反，周亚夫坚壁不战。吴兵奔壁之东南陬，亚夫便备西北；已而吴王精兵果攻西北，遂不得入。此敌志不乱，能自主也。汉末，朱隽围黄巾于宛，张围结垒，起土山以临城内，鸣鼓攻其西南，黄巾悉众赴之。隽自将精兵五千，掩其东北，遂乘虚而入。此敌志乱萃，不虞也。然则声东击西之策，须视敌志乱否为定。乱，则胜；不乱，将自取败亡，险策也。

【译文】　　敌方心志慌乱，不能正确地预料不断变化的情况，不能应对复杂的局面，如坤下兑上之象（即敌方的心志已经散乱，如一盘散沙），此时当利用敌方失去控制的时机将其消灭。

　　按语： 西汉时，七国反叛，周亚夫坚守壁垒不出战。吴王派兵到壁垒的东南角，周亚夫于是加强西北面的防备；不久吴王精锐部队果然进攻西北，结果无法攻入。这是因为敌方主力没有被打乱，能够自主作战。汉朝末年，朱隽围攻宛城的黄巾军，张围筑起土山以监视城内的军队，在西南面敲鼓发起攻击，黄巾军倾巢而出前往应战；朱隽亲自率领五千精锐部队，从东北面发动突然袭击，乘虚而入。这是敌人主力被打乱，没有预料到这一招。然而声东击西策略的成功与否，必须根据敌方主力是否被打乱来决定。敌方主力被打乱则我方胜利，敌方主力没被打乱则我方会自取失败，这是冒险的策略。

【启示】　　《易经·萃》卦中《象》曰："乃乱乃萃，其志乱也。"意思是一会散乱，一会聚合，此处指代敌方心志大乱，当抓住这个机会将敌方拿下。《孙子兵法》曰："兵者，诡道也。故能而示之不能，用而示之不用，近而示之远，远而示之近。利而诱之，乱而取之，实而备之，强而避之，怒而挠之，卑而骄之，佚而劳之，亲而离之。攻其无备，出其不意。"声东击西是一种忽东忽西、神出鬼没的战术，其本质在于通过制造假象，让敌人产生错觉，使其无法判断你的真正意图，难以预测你的行动，从而达到出其不意的效果。混乱，就会有机会，最终争夺战场上的主动权，正如《孙子兵法》所讲的——致人而不致于人。

📝 **总结：** 声东击西是一种"变化"的思维，日常生活中切不可让自己拘泥于某一种固定的思维方式。

45

下坤上兑 泽地萃

萃（cuì）

制造假象，引诱敌人做出错误判断，然后乘机歼敌之计谋

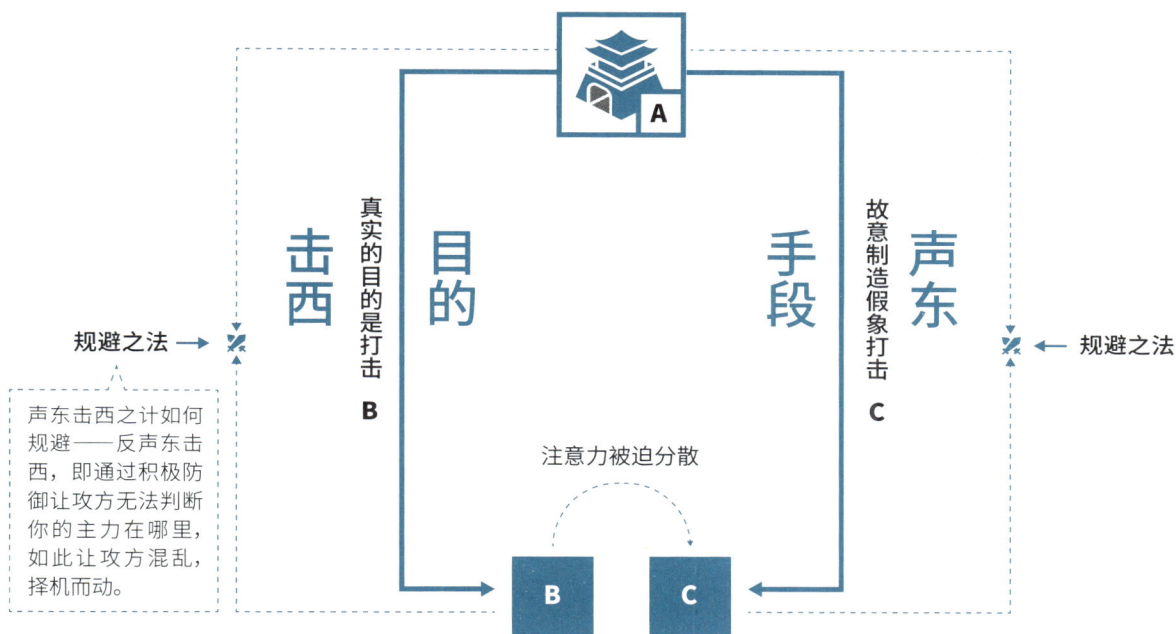

击西 真实的目的是打击 B

目的

手段

声东 故意制造假象打击 C

规避之法 →

← 规避之法

A

声东击西之计如何规避——反声东击西，即通过积极防御让攻方无法判断你的主力在哪里，如此让攻方混乱，择机而动。

注意力被迫分散

B   C

三十六计之声东击西的本质是通过制造假象，
让敌人产生错觉，然后转移目标，从而出奇制胜。

如何规避"声东击西"之计？

反击之法："反声东击西"，即在敌军进攻的几个方向上采取积极的防御措施，使其无法判断、无法集中力量攻击你。

时刻保持警惕，不放松对敌人的观察。即使敌人采取声东击西的战术，你也可以及时发现并采取应对措施。

《孙子兵法》曰："此兵之要，三军之所恃而动也。"说的便是用间，我方当利用各种手段获取敌人的情报，以便更好地预测敌人的行动。

07. 无中生有

【原文】 诳也，非诳也，实其所诳也。少阴、太阴、太阳。

按语： 无而示有，诳也。诳不可久而易觉，故无不可以终无。无中生有，则由诳而真，由虚而实矣，无不可以败敌，生有则败敌矣，如：令狐潮围雍丘，张巡缚蒿为人千余，披黑衣，夜缒城下；潮兵争射之，得箭数十万。其后复夜缒人，潮兵笑，不设备，乃以死士五百砍潮营，焚垒幕，追奔十余里。

【译文】 用假象迷惑敌方，并非都是假象，而是通过某些手段让对方认为是假象。开始用小的假象，然后用大的假象，（造成敌人的错觉）最后把假象当作真相。

按语： 把本来没有的东西说成有，就是欺骗。欺骗不能长久而容易被察觉，所以没有的东西不可能始终没有。无中生有，就是由欺骗变成真有，由空虚变成实在。没有的不可以打败敌人，生变为有的就可以打败敌人。例如，令狐潮围攻雍丘，张巡绑扎了一千多个草人，披上黑衣，夜里用绳子拴着把草人放到城下，令狐潮的士兵争着射击，得到几十万支箭。后来张巡又夜里把人用绳子放下去，令狐潮的士兵笑话他们，不加防备，于是张巡选派的敢死士兵五百人攻击令狐潮的军营，烧掉营寨的帐篷，把令狐潮的部队追杀到十多里之外去了。

【启示】 本篇进入敌战计，与胜战计不同，本篇的六种计策偏向于面对面的对抗，而胜战计的六种计策是我方处于绝对优势（敌弱我强）下的可实施计策。无中生有，有中生无是道家对事物朴素的辩证看法，《道德经》中曰"天下万物生于有，有生于无"，如此循环往复，代表生生不息。《孙子兵法》虚实篇中讲避实击虚，由此延伸开来，无中生有即是虚虚实实、真真假假，以各种假象作为掩盖真相的手段，目的在于让敌人分不清哪里是真，哪里是假，从而陷入迷惑之中，如此便给我方创造了可乘之机。本质上讲，无中生有是利用对方的心理弱点（如对方顾虑什么？担忧什么？）以及信息不对称的优势（对方了解我的信息量小于我了解对方的信息量），通过主动干扰，使对方做出错误的判断，出其不意地打击敌人。

总结： 生活中要保持理性客观，提高辨别真假信息的能力，才能避免被"无中生有"的陷阱所蒙骗。

由假变真，由虚变实，以各种假象掩盖真相，造成敌人的错觉之计谋

"无中生有"逻辑链

无中生有之计的逻辑在于通过巧妙地创造和利用假象与机会，使敌方产生误判和误解，从而在敌方没有准备的情况下打击其弱点，达到克敌制胜的目的。

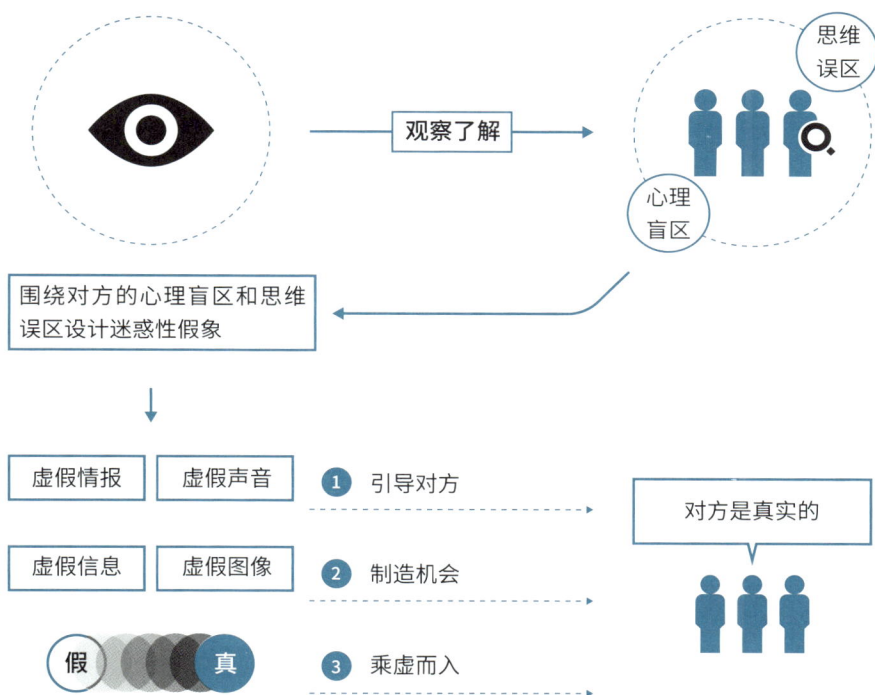

思维误区

观察了解

心理盲区

围绕对方的心理盲区和思维误区设计迷惑性假象

虚假情报　虚假声音　① 引导对方

虚假信息　虚假图像　② 制造机会

假　真　③ 乘虚而入

对方是真实的

观察了解 ＞ 寻找盲区 ＞ 整合盲区 ＞ 设计假象 ＞ 引导对方 ＞ 制造机会 ＞ 乘虚而入

如何规避"无中生有"之计？

客观理性：学习了这么多思维模型，我当希望诸位在面对问题时能客观理性地看待。当你被激怒时，这或许是个局，故意扰乱你而已。

追本溯源：找出为什么？这在很多思维模型中也提到过。遇到问题要追本溯源，一切外在不过是现象，看透它，去主动寻找本质。

大胆假设：遇到问题，先假设，后求证。假设你是对的，通过客观"实验"、数据收集与分析对其验证，从而判断其真伪。

08. 暗度陈仓

【原文】示之以动，利其静而有主，"《益》动而巽"。

按语： 奇出于正，无正则不能出奇。不明修栈道，则不能暗度陈仓。昔邓艾屯白水之北，姜维遣廖化屯白水之南，而结营焉。艾谓诸将曰："维令卒还，吾军少，法当来渡而不作桥，此维使化持我，令不得还。必自东袭取洮城矣。"艾即夜潜军，径到洮城。维果来渡。而艾先至，据城，得以不破。此则是姜维不善用暗度陈仓之计，而邓艾察知其声东击西之谋也。

【译文】公开暴露行动（迷惑敌人），牵制住对方注意力，让其处于平静时，我方需要尽快做出作战主张，如《易经》中的益卦所言，明动暗动都要有，才能出其不意，乘虚而入，出奇制胜。

按语： 奇与正是对立统一的，相辅相成的，没有正就没有奇，没有奇也就没有正。奇兵是从正兵中分出来的，没有正兵也就没有奇兵。如不公开修筑栈道，就不能暗中渡过陈仓。从前邓艾驻军在白水北岸，姜维派廖化在白水南岸扎下军营。邓艾对部下说："姜维命令士兵返回，我军人数少，按常理他们应该渡河而不应该架桥，这是姜维让廖化牵制我们，使我们不能返回。姜维一定会自东袭取洮城。"邓艾当夜就秘密行军，直接到达洮城。姜维果然正在渡河，但邓艾抢先到达并坚守洮城，因此没有失败。这就是姜维不善于运用暗渡陈仓的计策，而邓艾却能够洞察识破了姜维声东击西的计谋。

【启示】本篇利用"动"与"静"的对立统一关系，来讲明暗度陈仓之计。《易经·益》卦中《彖》曰："益动而巽，日进无疆。"益卦中上卦为风，下卦为雷，风顺而静，雷震而动，如此上下对立又统一。本篇中即是用动态（如雷震，这是讲"明处的动"，故意暴露的动）来牵制对方，致使对方处于静态（被我方的"明动"所牵制），对方被牵制之时，便是我出奇制胜之时，这里讲的是"暗动"，即所谓暗地里的动，如风，无孔不入。简而言之，用明显的行动吸引对方注意力，用不明显的行动出奇制胜。一明一暗，明中有暗，暗中有明，动中有静，静中有动，所以，静不见得是不动。如《孙子兵法》中所讲，"凡战者，以正合，以奇胜。"用正牵制，用奇致胜。

📝 **总结：** 生活、工作中，奇正相生，只有充分了解对方的具体情况，才能制定出有效的"战略战术"。

明修栈道，暗度陈仓，奇正运用之计谋

42

下震上巽 风雷益

益（yì）

以动牵制对方，使其静

注意力被对方牵制住

① 正

互相对立

以正牵引

对立统一

以奇突袭

相互团结

隐藏真实意图

乘机出奇制胜

奇 ②

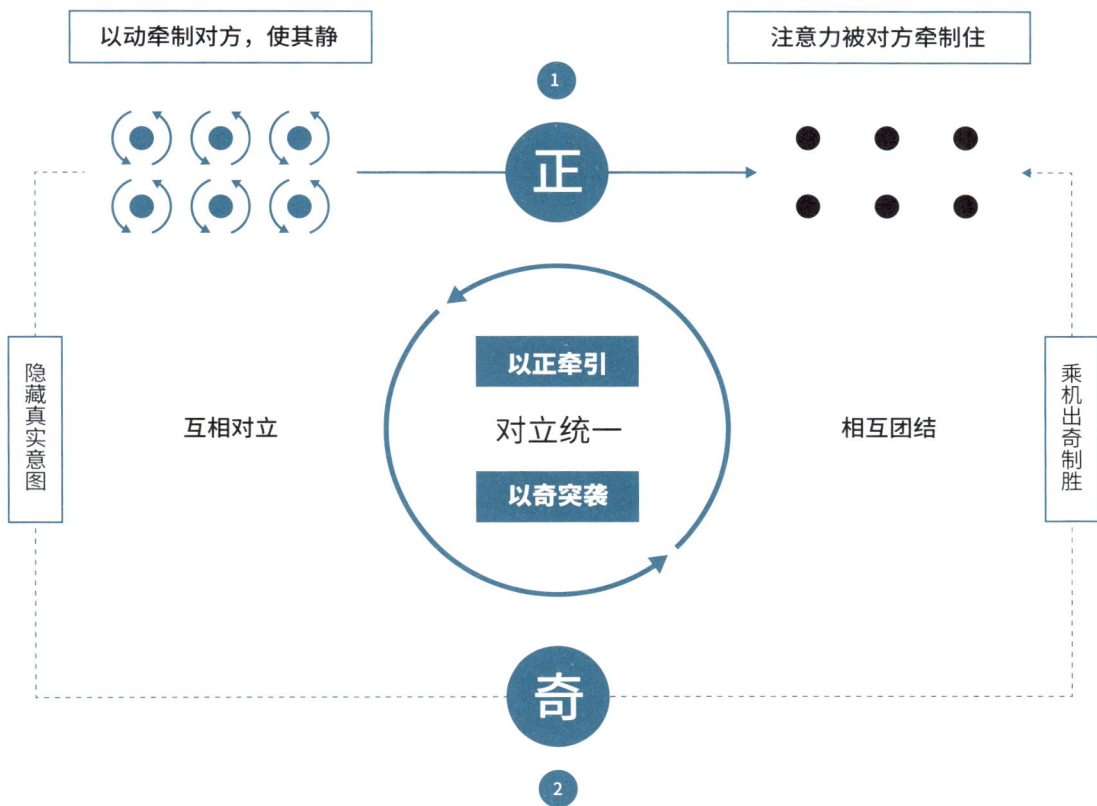

如何规避"暗度陈仓"之计？

"动"的吸引力远高于静态的画面，比如视频，其背后多是利用了人性中对"动态"的关注。遇"动"时，不妨关注一下自己的注意力。

这仍然是知彼的过程，仍然是用间的过程，如此通过对情报及数据的分析，可以更好地判断对方的真实意图。

暗度陈仓关键在"暗"字上，暗箭难防，尽管防人之心不可无，具体落实下去，还在于时刻保持警觉。

09.隔岸观火

【原文】

阳乖序乱，阴以待逆。暴戾恣睢，其势自毙。顺以动《豫》，《豫》顺以动。

按语： 乖气浮张，逼则受击，退则远之，则乱自起。昔袁尚、袁熙奔辽东，众尚有数千骑。初，辽东太守公孙康恃远不服。及曹操破乌丸，或说操逐征之，尚兄弟可擒也。操曰："吾方使斩送尚、熙首来，不烦兵矣。"九月，操引兵自柳城还，康即斩尚、熙，传其首。诸将问其故，操曰："彼素畏尚等，吾急之，则并力；缓之，则相图，其势然也。"或曰：此兵书火攻之道也，按兵书《火攻篇》前段言火攻之法，后段言慎动之理，与"隔岸观火"之意亦相吻合。

【译文】

对方内部乱而无序时，我方当静观其变，等待时机。如果对方残暴凶狠、胡作非为，其力量必定自然耗尽。如《易经》中《豫》卦所言，要顺应时势而动，节制而动。

按语： 对方内部矛盾加剧时，我方逼迫必遭反击；退避远离他们，对方内部定会混乱。过去，袁尚、袁熙逃到辽东，手下还有数千骑兵。起初，辽东太守公孙康依仗距离遥远而不服曹操。后来曹操打败了乌丸，有人建议曹操去征讨公孙康，这样就可以擒获袁尚、袁熙兄弟。曹操说："其会自己将袁尚、袁熙首级送来，不用烦劳我军。"九月，曹操从柳城撤军，公孙康立即斩杀袁尚、袁熙，将他们的首级送来。众将请教，曹操说："公孙康本来就害怕袁尚等人，我急迫进攻，他就会与袁尚等人联合抵抗；我放缓攻势，他就会与袁尚等人互相猜疑，这是必然的客观趋势。"或曰：这是《孙子兵法·火攻篇》里的道理，《火攻篇》前段说的是火攻的方法，后段说的是谨慎用兵的道理，这与"隔岸观火"是相互吻合的。

【启示】

《易经·豫》卦中《彖》曰："豫，刚应而志行，顺以动，豫。豫顺以动……"意思是顺应时势，应时而动。天地顺应时势，因此日月运行、四季轮回从不失误。《孙子兵法·火攻篇》曰："非利不动……合于利而动，不合于利而止。"顺应时势，合适的时间、地点、人物等情况下做合适的事，审时度势，觅机而动。不可急，也不可怠。"隔岸观火"之计的本质是一种策略或手段，其目的是在处理复杂或危险的情况时，通过保持冷静、观察局势、等待时机，从而避免直接参与其中，最大限度地减少风险，并从中获取利益。这个计谋的关键在于观察和分析局势，理解敌人的动态和弱点，以及自身的优势和机会，以便在适当的时候采取行动。"隔岸观火"之计的核心是"等待时机"，需要冷静、理智和策略性思维，同时也需要具备一定的洞察力和判断力。

📝 **总结：** "先为不可为"是我们一生都需要做的事情，"以待敌之可胜"是瞅准机会一击制胜的事。

先是坐山观虎斗，后则瞅准时机，坐收渔利之计谋

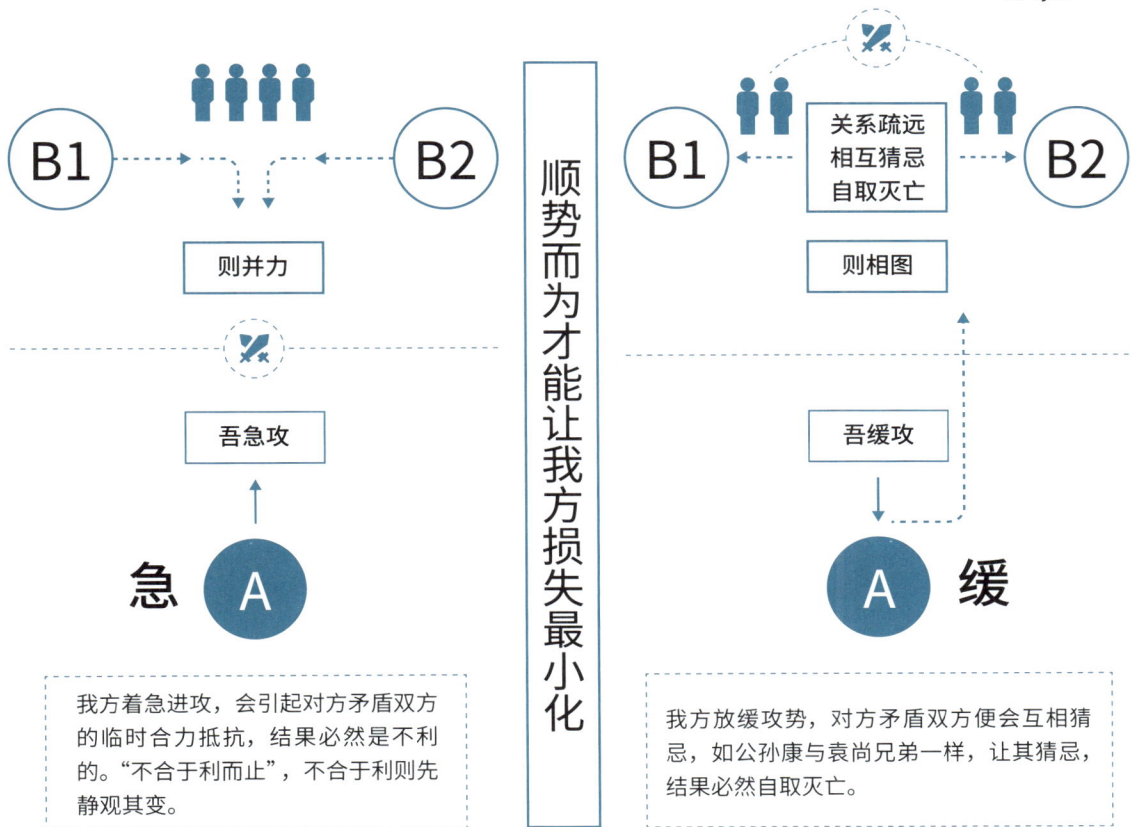

16

下坤上震 雷地豫

豫（yù）

B1 → ← B2

则并力

吾急攻

急 A

顺势而为才能让我方损失最小化

B1 ← → B2

关系疏远
相互猜忌
自取灭亡

则相图

吾缓攻

A 缓

我方着急进攻，会引起对方矛盾双方的临时合力抵抗，结果必然是不利的。"不合于利而止"，不合于利则先静观其变。

我方放缓攻势，对方矛盾双方便会互相猜忌，如公孙康与袁尚兄弟一样，让其猜忌，结果必然自取灭亡。

如何规避"隔岸观火"之计？

如何可持续成长？首先是可持续性"先为不可为"，但为了防止主观，不如学学曾国藩，将成果输出并且拥抱、吸收各种反馈。

凡事先从"损失"视角出发，这样做的好处在于能帮助我们做好防御系统，建立防护机制。该做和不该做的事，随机而生。

一个理性的、清醒的脑袋是规避"隔岸观火"之计的基础，千万不能被情绪左右你的思考。切记！切记！

10. 笑里藏刀

【原文】 信而安之，阴以图之，备而后动，勿使有变。刚中柔外也。

按语： 兵书云："辞卑而益备者，进也……无约而请和者，谋也。"故凡敌人之巧言令色，皆杀机之外露也。宋曹玮知渭州，号令明肃，西夏人惮之。一日玮方对客奕棋，会有叛卒数千，亡奔夏境。堠骑报至，诸将相顾失色，公言笑如平时。徐谓骑曰："吾命也，汝勿显言。"西夏人闻之，以为袭己，尽杀之。此临机应变之用也。若勾践之事夫差，则意使其久而安之矣。

【译文】 表面上要做到使对方信任，并使其安心（安心则丧失警惕）；暗地里另有所图，先准备后行动，不要露出马脚，避免产生变故。这是从《易经·兑》卦中悟出的道理，此理是表面上柔，表面下刚毅的道理。

按语： 兵书上说："言辞谦卑却暗中备战的，是进攻的征兆；没有约定却请求和解的，是另有图谋。"因此，凡是敌人的甜言蜜语和伪善的外表，都是暗藏杀机的表象。宋朝的曹玮担任渭州知州时，号令严明，西夏人非常害怕他。有一天，曹玮正在和客人下棋，这时有数千名叛军逃奔到西夏境内。侦察兵前来报告，众将领都大惊失色，而曹玮却像平时一样谈笑自如。他不慌不忙地对侦察兵说："这是我的命令，你不要张扬。"西夏人听说后，以为是曹玮的偷袭部队，就把那些叛军全部杀死了。这是随机应变的运用。就如勾践侍奉夫差那样，是想让夫差慢慢安下心来，失去戒备。

【启示】 本篇依然以阴阳思维作为"笑里藏刀"计谋的底层逻辑，这种朴素的辩证思维方式可以让我们从对立统一和相互转化中理解问题。具体说来"信而安"，"信"是手段，"安"是目的，这是人性。为什么信任会产生安全？因为信任可以帮助人类对未知的人或事产生确定性感受，然而信任的产生极容易受主观因素的影响，这包括性格特征、过去的经验、生存环境以及文化背景等。所以，用"信"这个手段或计谋使对方产生安全感，可以应用在很多行业。"笑里藏刀"之计，关键在"笑"，是以信任为伪装，来制造假象迷惑对方，然而在这层温柔的外衣之下，却是极度危险的另一个存在，一把冷血的刀。

总结： 见相非相，即见如来，不着相很难，不执着很难，反人性很难，因此见如来者只是少数人。

58

下兑上兑 兑为泽

兑（duì）

**面子上柔善，使人丧失警惕、疏于防备，
而里子却暗藏杀机之计谋**

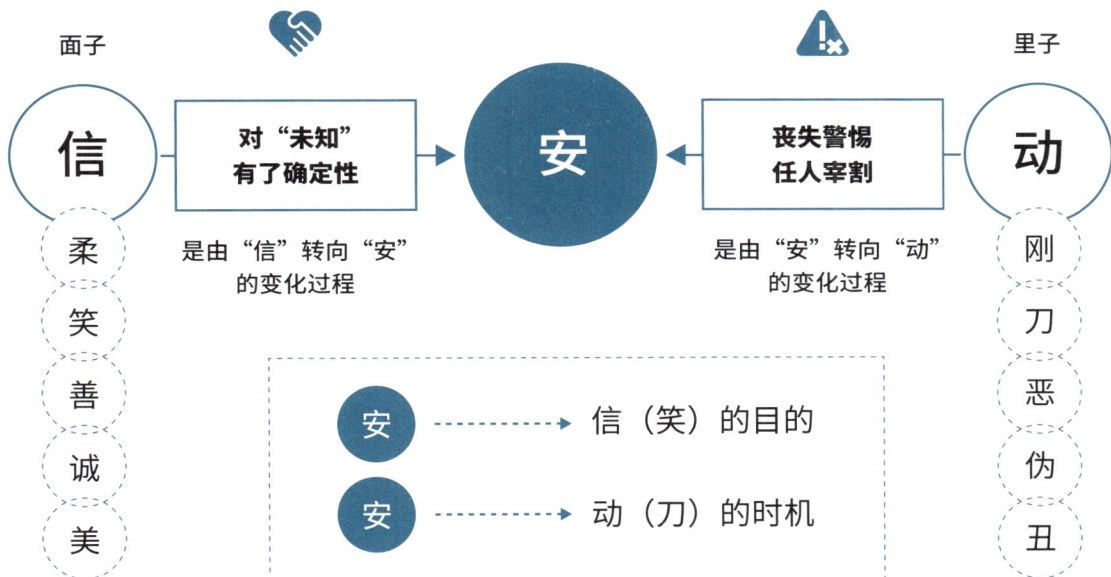

面子

里子

信

柔
笑
善
诚
美

对"未知"
有了确定性

→ 安 ←

丧失警惕
任人宰割

动

刚
刀
恶
伪
丑

是由"信"转向"安"
的变化过程

是由"安"转向"动"
的变化过程

安 ------→ 信（笑）的目的

安 ------→ 动（刀）的时机

如何规避"笑里藏刀"之计？

眼、耳、鼻、舌、身、意，"六根"，是释放人性的通道，通过修此"六根"来减少对欲望的执着。

三十六计无不是从人性的角度下手，这一点要特别注意，人非圣贤，都有各种各样的缺陷，所以要终身学习，终身改缺陷。

老话说"知人知面不知心"，很多时候你要主动去觉察自己对他人的判断是否客观，是否符合一般规律，同时，也要小心有"妖"。

11. 李代桃僵

【原文】 势必有损，损阴以益阳。

按语：我敌之情，各有长短。战争之事，难得全胜。而胜负之诀，即在长短之相较；而长短之相较，乃有以短胜长之秘诀。如以下驷敌上驷，以上驷敌中驷，以中驷敌下驷之类，则诚兵家独具之诡谋，非常理之可测也。

【译文】 形势的发展必然会有损失，损失"阴"，来增强"阳"（阴为少数，阳为多数，这里指损失少数，保障多数，即弃卒保帅）。

按语：敌我双方的情况，各有长短优劣。战争之事，难得全胜，而胜负关键，就在长处与短处的较量，于是有以短处胜长处的秘诀。如有以下等马匹去对抗上等马匹，以上等马匹去对抗中等马匹，以中等马匹去对抗下等马匹之类的办法，此为兵法中独特的策略，不是常理所能预测推断的。

【启示】 "阴"代表少、奇、虚、面子、自尊、局部等，而"阳"则代表多、偶、实、里子、实力、全局等概念。人生中有舍才有得，而这个"舍"并不是盲目的、无计划的，而是需要审时度势，有前提条件的。"势必有损"是事物发展的一般规律，无论是在军事、商业还是人际关系中都有所体现。在军事上，这意味着要牺牲一些小利益来获得更大的胜利；在商业上，意味着要做出一些短期的牺牲来获得长期的收益；而在人际关系中则需要理解和接受一些小的损失来维护和改善人际关系。"李代桃僵"之计是一种弃卒保帅的策略，在双方博弈过程中，通过利用优劣资源的转换，实现全局胜利的目的。它要求我们要有长远的眼光和宽广的胸怀，能够舍弃一些眼前的利益，以换取更大的成功。

> 总结：此计非简单放弃，而是要有明确的目标和计划，审时度势，把握大局，才能取得最终胜利。

损少益多，弃卒保帅，顾全局之计谋

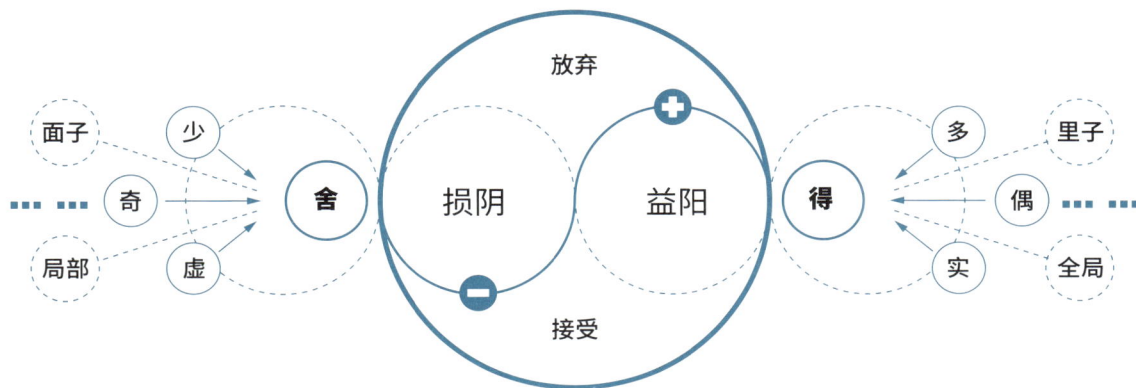

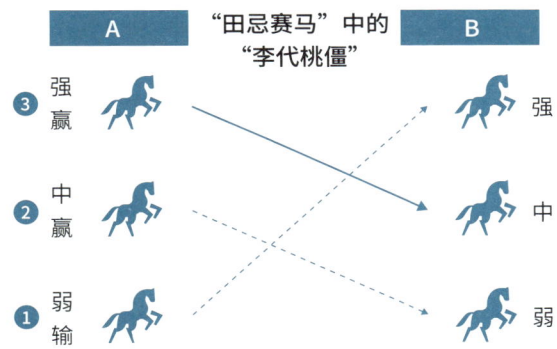

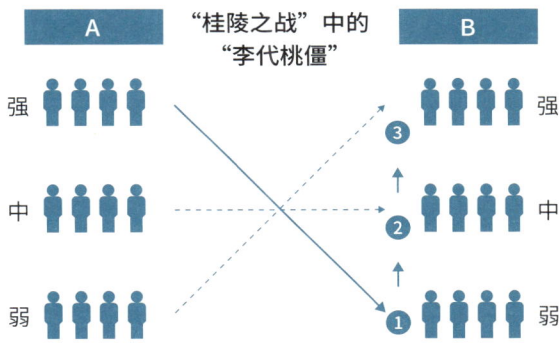

面子　少　　放弃　➕　　多　里子
奇　　　　　　　　　　　　　偶
局部　虚　舍　损阴　益阳　得　实　全局
　　　　　　➖　接受

"田忌赛马"中的"李代桃僵"

A　　　　　　　　　　　　　B

❸ 强赢 ——————→ 强

❷ 中赢 ——————→ 中

❶ 弱输 ——————→ 弱

"桂陵之战"中的"李代桃僵"

A　　　　　　　　　　　　　B

强　　　　　　　　　　❸ 强

中　　——————→　❷ 中

弱　　　　　　　　　　❶ 弱

---

❶ A弱：B强=0：1　　❷ A中：B弱=1：1

❸ A强：B中=2：1

❶ A强打B弱　　❷ A强打完B弱加A中合力打B中

❸ A强+A中打完B中加A弱合力打B强

如何规避"李代桃僵"之计？

不贪：面对对方的"舍"，管理好自己欲望，不要贪多，以免陷入对方所设的"李代桃僵"之计，避免损失扩大。

全局思维：阴阳的思维方式强调从事物的本质和内在联系出发，认识到事物的对应统一和相互转化，世间万物皆如此。

随机应变：在应对李代桃僵之计时，要保持灵活，避免陷入固定的思维模式。要根据实际情况，调整策略，以使损失最小化。

12. 顺手牵羊

【原文】 微隙在所必乘，微利在所必得。少阴，少阳。

按语： 大军动处，其隙甚多，乘间取利，不必以战。胜固可用，败亦可用。

【译文】 微小破绽必须抓住利用，微小的利益必须争取。要变敌人的小漏洞为我方的小胜利。

按语： 对方的大部队在行动的过程中，其间隙和漏洞会有很多，可以乘机获取利益，不一定非要通过作战的方式。此法不仅可以在取得胜利时使用，在失败时也可以使用。

- -

【启示】 《孙子兵法》强调"先为不可胜，以待敌之可胜；不可胜在己，可胜在敌"。以及"立于不败之地，而不失敌之败也"。机会难得，即便其是"微隙"，就是非常小的破绽。一旦出现，绝不放过任何能够使敌人失败的机会。破绽不是"因"，往往都是"果"。错了，承认，还在果上；错了，不承认，那就是"因"上的问题了。人非圣贤孰能无过，有过而不改，自作自受。犯错不是坏事，对犯错的人来说，这是莫大的"成长"。当然，前提条件是承认自己的局限性并有所觉悟，有所反思。曾国藩平生经历过五次奇耻大辱，每每受辱，无不屡屡觉醒，上升一个段位。所以真正的强者是能够从中吸取教训、不断进步的人。生活工作中谦虚、坚韧，勇敢地、客观地面对自己的不足和失败，而不是无谓辩解。

📝 **总结：** "察其天地，伺其空隙" 在观察分析问题时，抓住天、地、人的时机，利用机会的间隙行动。

遵循客观规律，洞察细节，发现利用机会，顺势而为之计谋

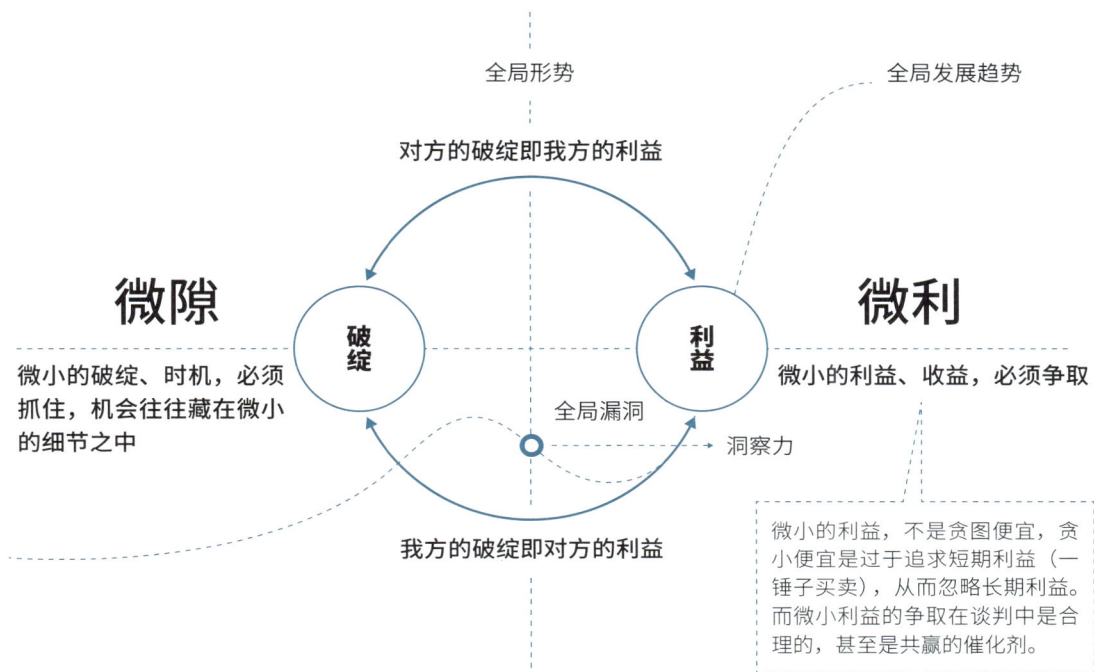

全局形势

全局发展趋势

对方的破绽即我方的利益

微隙

破绽

微小的破绽、时机，必须
抓住，机会往往藏在微小
的细节之中

全局漏洞

洞察力

微利

利益

微小的利益、收益，必须争取

我方的破绽即对方的利益

微小的利益，不是贪图便宜，贪
小便宜是过于追求短期利益（一
锤子买卖），从而忽略长期利益。
而微小利益的争取在谈判中是合
理的，甚至是共赢的催化剂。

———— **"顺手牵羊"的思维路径** ————

把握事物的
发展规律 → 洞察细节 → 发现机会 → 利用机会 → 顺势而为

如何规避"顺手牵羊"之计？

拥抱辽阔：规避"顺手牵羊"
之计，不如"先为不可胜"，正
视自己的问题，做一个实事求
是、敢于面对自身劣势的人。

全局视角：了解全局形势（敌
我双方的情况），把握全局发展
趋势，抓住全局漏洞（整体布
局上的漏洞）以及能综合运用
各类资源等。

保持开放心态，接纳并欣赏各
种不同的观点和生活方式。但
实践中需要根据实际情况采取
适当的策略和措施，以确保自
己的安全和利益。

13. 打草惊蛇

【原文】 疑以叩实，察而后动；复者，阴之媒也。

按语：敌力不露，阴谋深沉，未可轻进，应遍探其锋。兵书云："军旁有险阻、潢井、葭苇、山林、翳荟者，必谨复索之，此伏奸之所藏也。"

【译文】 对可疑情况要调查核实，调查清楚之后才能行动；反复调查，是发现隐藏计谋的必要手段。

按语：对方的实力不清晰，阴谋深不可测时，万不可轻易前进，应从不同侧面探其锋芒所在。《孙子兵法》曰："行军，如果遇到悬崖峭壁上狭窄险要的地形、低洼沼泽地形、芦苇丛生的地形、树木茂盛的丛林地形以及草木繁盛的地带，务必谨慎并反反复复地搜索检查，因为此五种地形都是容易设伏或侦察我方的地方。"

【启示】 三点值得注意：一是对可疑之处一定要落实、核实清楚，《孙子兵法》开篇就强调说："兵者，国之大事，死生之地，存亡之道，不可不察也。"战场上，可疑之处，定是要命的，一定要调查清楚，不可不仔细思量。二是察而后动，反复地查看核实，这里强调反复，是因为"隐藏"的计谋不是一个点，而是多条线的交织。计谋无穷如天地，不竭如江河，并不是一下就能看得出的。一般人看得出来的计谋得防，一般人看不出来的计谋得反复研究、思考、落实，更得防。核实清楚了，才能有进一步的动作，在此之前不要有任何动作，以免暴露自己的行踪。三是通常理解的"打草惊蛇"往往是被动无意识的，因此，其结果是对手察觉到并有所防范，同时也暴露了我方位置。那么当我们主动有意识使用又会怎样呢？主动打草惊蛇的结果是让对方受惊并暴露他们的位置。当然，这只是最简单的应用。

总结：贪财者，财是其弱点；爱刷视频者，即时满足是其弱点。找到自己的弱点并实事求是面对。

一个让对方暴露其意图的计谋

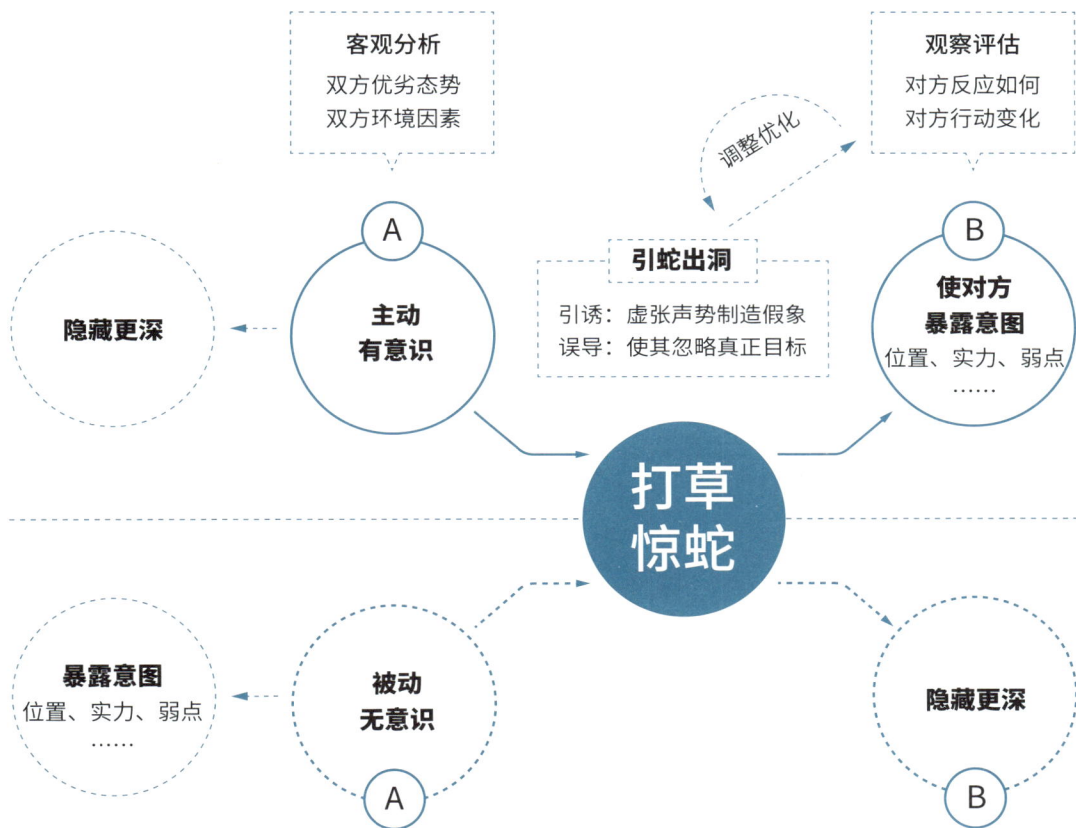

客观分析
双方优劣态势
双方环境因素

观察评估
对方反应如何
对方行动变化

调整优化

A

**主动
有意识**

引蛇出洞
引诱：虚张声势制造假象
误导：使其忽略真正目标

B

**使对方
暴露意图**
位置、实力、弱点
……

隐藏更深

打草
惊蛇

暴露意图
位置、实力、弱点
……

**被动
无意识**

隐藏更深

A

B

如何规避"打草惊蛇"之计？

谨慎行事：职场中言行举止要经常反思，避免因为一时的疏忽大意暴露自己的目的，做事一定要三思而后行。

知彼知己：尽可能多地收集有关敌人的情报，包括其战略、战术等。通过对这些情报的分析计算，了解敌人的情况。

做事严谨本分，脚踏实地，实事求是。俗话说"平生不做亏心事，半夜不怕鬼敲门"，人生在世，但求问心无愧。

14. 借尸还魂

【原文】 有用者，不可借；不能用者，求借。借不能用者而用之，匪我求童蒙，童蒙求我。

按语： 换代之际，纷立亡国之后者，固借尸还魂之意也。凡一切寄兵权于人，而代其攻守者，皆此用也。

【译文】 有才能的人由于难以驾驭，不能为我所用；没有才能的人由于需要依赖他人、需要靠山，因而就可以为我所用。驾驭为我所用的人，如《易经·蒙》卦所言"蒙昧之人需求助于多谋之人，而不是多谋之人求助于蒙昧之人"的道理。

按语： 改朝换代时，人们纷纷拥立亡国的后代，此为"借尸还魂"之计，即借亡国之后人，还我出师之有名。凡是将兵权交给他人，并让他人代替自己进攻或防御的，都属于"借尸还魂"之意。

【启示】 《易经·蒙》卦卦辞曰："蒙，亨，匪我求童蒙，童蒙求我。"即通过教与学来强调启蒙教育的原则与一般规律，不是我求你去教你学习，而当是你来求助我如何才能教你学习。那么"借尸还魂"与《蒙》卦有什么关系呢？"尸"可以理解为表面上无意义、无价值或被遗忘的人或事物，即《蒙》卦里所强调的是需要启蒙之人，是蒙昧而幼稚之人。这样的人不起眼，没有危害性，容易被忽略，因此可以作为最好的伪装"道具"。"尸"不仅仅指人，也指看似无用的资源，如人力、物力、信息、傀儡、衰落的王朝等。通过对"尸"的借用来伪装我方的目的，即利用"尸"作为掩护，待对手放松警惕时，采取行动。

总结： 蒙者，尸也；独立思考很重要，不仅帮我们掌控自己命运，还可帮我们克服过度依赖。

一个利用"平常"作为掩护之计谋

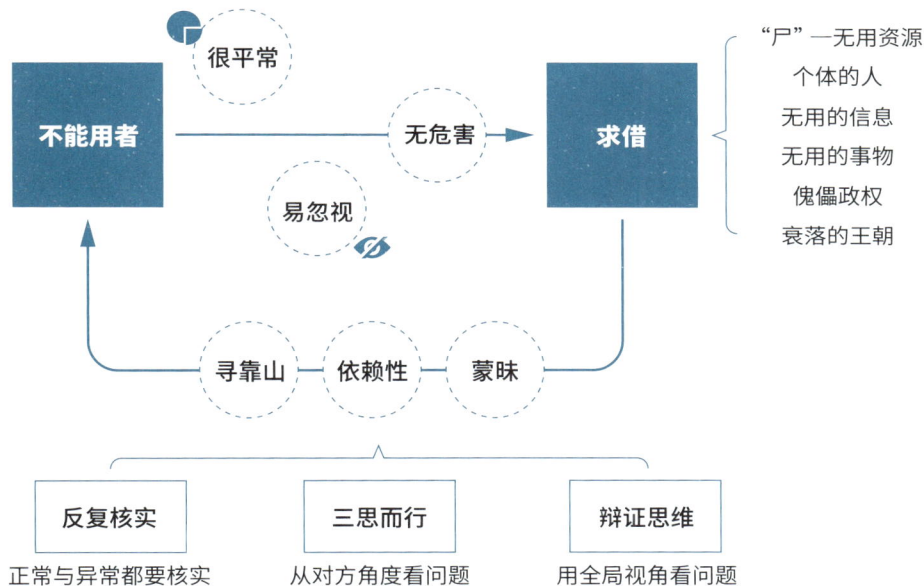

04

下坎上艮 山水蒙

蒙（méng）

很显眼 　为什么呢？

有用者 ---- 有危害 → **不可借**

有主见

很平常

不能用者 —— 无危害 → **求借**

易忽视

"尸"—无用资源
个体的人
无用的信息
无用的事物
傀儡政权
衰落的王朝

寻靠山 — 依赖性 — 蒙昧

反复核实　　　**三思而行**　　　**辩证思维**

正常与异常都要核实　从对方角度看问题　用全局视角看问题

如何规避"借尸还魂"之计？

反复核实："借尸还魂"之计是借用"不起眼"的人或物作为"掩体"，因此就像讲"打草惊蛇"时提到过的，要反反复复核实。

三思而行：做决策前三思而行，要反复思考、权衡利弊、考虑各种可能性，以及预测可能产生的后果。

辩证思维：生活工作中，一定要培养自己的辩证思维，正常时思考不正常，不正常时思考正常，从而更好地应对各种复杂的情况和挑战。

15. 调虎离山

【原文】 待天以困之，用人以诱之，往蹇来连。

按语： 兵书曰："下政攻城。"若攻坚，则自取败亡矣。敌既得地利，则不可争其地。且敌有主而势大：有主，则非利不来趋；势大，则非天人合用不能胜。汉末，羌率众数千，遮虞诩于陈仓、崤谷。诩即停军不进，而宣言上书请兵，须到乃发。羌闻之，乃分抄旁县。诩因其兵散，日夜进道，兼行百余里，令军士各作两灶，日倍增之，羌不敢逼，遂大破之。兵到乃发者，利诱之也；日夜兼进者，用天时以困之也；倍增其灶者，惑之以人事也。

【译文】 利用天然的条件（天时、地利）围困对方，利用人为假象去诱惑对方。若前进有危险（《蹇》卦），诱对方过来则有利。

按语：《孙子兵法》说："攻城是下策。"攻城，就是自取灭亡。敌人既已占据有利地形，就不能与其强争。况且敌人早有准备且处于优势：敌人占据优势，是因为有利可图，无利可图他是不会轻易来进攻的；敌人处于优势，若非得天时人和等条件是不能战胜他的。东汉末年，羌人率领数千人马在陈仓、崤谷中设伏阻拦。虞诩立即下令停止前进，并扬言要上书请求援军，等援军到达后才继续前进。羌人听此消息信以为真，分兵到旁边各县抢掠。虞诩乘羌军兵力分散的机会，日夜兼程进军，并下令每支部队做饭时同时使用两个灶，并使灶的数量每天增加一倍。羌人听说这一情况后，就不敢逼近虞诩的军队。最终虞诩大败了羌人。所谓兵到乃发，是使用利诱的办法将敌军调开；所谓日夜兼进，是争取时间、出其不意，置敌于困境；所谓倍增其灶，是人为制造援军陆续赶到的假象迷惑敌人。

【启示】 《易经·蹇》卦六四爻的爻辞曰："往蹇，来连。"《象》曰："往蹇来连，当位实也。"意思是继续前行有艰难，所以要接二连三地来来回回，如此才能逢凶化吉。《孙子兵法》中曰："上兵伐谋，其次伐交，其次伐兵，其下攻城。"按语中也引用了这段文字。"调虎离山"以"虎"来喻作对手，"山林"这种天然条件对虎的攻防都是十分有利的，而对我方显然是非常不利的。所以当对手已经占据了有利地势，我方强攻必然受挫，如蹇卦一样，此时就不要继续前进了，要想办法将"老虎"从对其有利的地势中调离出来。"调虎离山"之计的本质就是利用人为制造的假象（策略）调动对手，让其脱离有利地势，由主动变为被动，以便我方趁机而攻。

总结： 清楚自己的优势和弱点，利用自己的优势来应对对手，同时也要避免自己的弱点被对手利用。

一个由被动转向主动之计谋

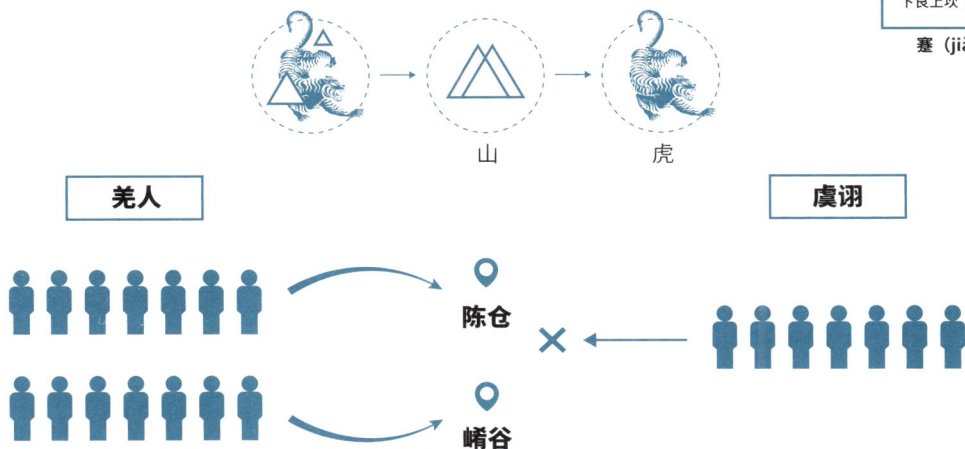

39

下艮上坎　水山蹇

蹇 (jiǎn)

山　　虎

羌人　　　　　　　　　　　　　　　**虞诩**

陈仓

峪谷

信以为真，放松警惕	**用人以诱之** 使用利益来引诱敌人	动作1：释放信号——兵到乃发

分散开来就地抢掠	**待天以困之** 利用地形条件来困扰敌人	动作2：暗地里日夜兼程

误认为援兵已到，不敢追击	**用人以诱之** 人为制造假象迷惑敌人	动作3：倍增灶台

如何规避"调虎离山"之计？

我们做任何事情的第一前提，一定要了解自己，清楚地知道自己条件的优劣，这将决定你面对"诱惑"时的决策。

要仔细认真研究对手的一举一动，尤其是那些看似平常的细节，往往对手的真实意图就隐藏在这些细节中。

事出反常必有妖，面对对手的示好或诱惑，要当心了。切记无论在何种情况，你的"山林"是一定要坚守的。

16. 欲擒故纵

【原文】 逼则反兵，走则减势。紧随勿迫，累其气力，消其斗志，散而后擒，兵不血刃。《需》，有孚，光。

按语： 所谓纵者，非放之也，随之，而稍松之耳。"穷寇勿追"，亦即此意。盖不追者，非不随也，不迫之而已。武侯之七纵七擒，即纵而蹑之，故展转推进，至于不毛之地。武侯之七纵，其意在拓地，在借孟获以服诸蛮，非兵法也。若论战，则擒者不可复纵。

【译文】 若逼迫太紧，就会遭对手拼死反击；若让其逃跑，可削减其气势。因此只需要紧紧尾随其后，不逼迫对方，以此来耗其体力，消其斗志，待其溃散时，再将其擒获，这样避免流血战斗就可取胜。此为《易经·需》卦中的道理。

按语： 所谓"纵"，并不是放走敌人，而是要紧跟其后，稍微放松一点而已。也就是说，对于逃窜的敌人，不要过于逼迫，而是要掌握好紧追与放松的尺度，以达到既能驱赶敌人又能消耗敌人的目的。正如武侯七擒七纵孟获，虽然看似纵敌，但实际上是紧随其后，逐步推进，直到不毛之地。武侯七纵的目的是开疆拓土，借助孟获来平定南方，并非兵法所讲。从战争视角，一旦擒获敌人，就不能再轻易放走了。

【启示】 《易经·需》卦的卦辞曰："需，有孚，光亨，贞吉，利涉大川。""需"是等待，"孚"是诚信，诚信非主观诚信，通常情况"我以为"的诚信并非诚信，比如"我这么做都是为你好"，这种主观诚信更多的是一种自我满足或者自我肯定，而不是真正的对他人的尊重和诚实。诚信应当是客观的，即站在对方角度的诚信才能称之为诚信。如此就可以"光明亨通"。反映在"欲擒故纵"之计中，即等待并且遵循客观规律，如此才能光明，有大收获。"欲擒故纵"之计本质是"以退为进"，当然前提条件是在敌弱我强的情况下，攻战计篇六个计策均属于这种情况。

总结： 故意放任、纵容让对手丧失戒备心理，如此才能为我方创造有利的进攻机会。

一个"以退为进"拖垮对手的计谋

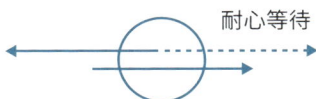

05

下乾上坎 水天需

需（xū）

耐心等待

充分了解敌情 对手的优劣势，对手的全盘战略

逼则反兵　　**紧随勿迫，累其气力**　　**消其斗志，散而后擒**　　**兵不血刃**

控制风险　　　　**控制风险、保持耐心、善于变化**

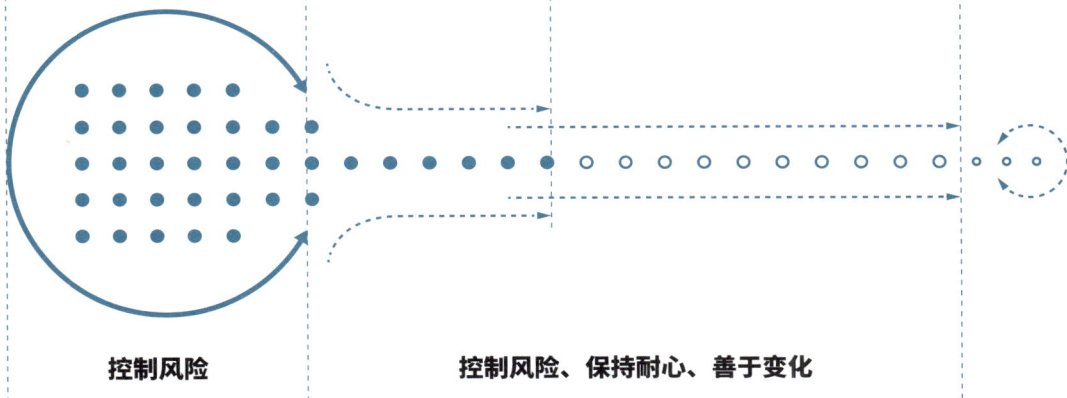

1.避免因逼得太紧造成拼命反扑。
2.对可能出现的风险进行评估，如排除拖延之计等。

1.对周边环境时刻保持警惕，防有伏兵。
2.保持耐心，看准时机，不宜过早也不宜过晚收割。

如何规避"欲擒故纵"之计？

对对手的了解，对自己的了解，对垒前对与"知彼知己"相关的工作一定要安排好，尽可能规避陷入围地的风险。

大胆假设，假设陷入围地，当如何破解？即我们面对决策时，一定要做好最坏打算，以此来降低可能发生的风险。

不要贪心，也不要为了追求更大的利益而冒险。生死之地，不要轻信对手，保持冷静，理性分析。

17. 抛砖引玉

【原文】 类以诱之，击蒙也。

按语： 诱敌之法甚多，最妙之法，不在疑似之间，而在类同，以固其惑。以旌旗金鼓诱敌者，疑似也；以老弱粮草诱敌者，则类同也。如：楚伐绞，军其南门，屈瑕曰："绞小而轻，轻则寡谋，请勿捍采樵者以诱之。"从之，绞人获利。明日，绞人争出，驱楚役徒于山中。楚人坐守其北门，而伏诸山下，大败之，为城下之盟而还。又如孙膑减灶而诱杀庞涓。

【译文】 用类似的方法诱使对方，趁其迷茫时攻击对手。

按语： 用各种方法引诱敌人，最妙的方法不在于用相似的外表来使敌人产生怀疑，而是使敌人认为与我方相似从而放松警惕。用旌旗金鼓来诱惑敌人，使敌人产生怀疑；而用老弱粮草来诱惑敌人，使敌人认为我方实力较弱而放松警惕。例如，楚国攻打绞国，军队驻扎在绞国的南门，屈瑕说："绞国小而且轻浮，轻浮就缺少计谋，我请求不要设防，让那些砍柴的人自由进出，以引诱他们。"楚军照办，绞国军队因此而得利。第二天，绞国军队争着出城，把楚国的役夫赶到山中。楚军驻扎在绞国的北门，并在山下设伏，大败绞军，强迫绞国签订了城下之盟后回国。还有孙膑减灶而诱杀庞涓的故事。

【启示】 《易经·蒙》卦上九爻辞："击蒙，不利为寇，利御寇。"意思是说打击愚昧，不宜采取过于暴烈的手段，而适宜采取抵御邪恶的方式。即：在处理方法时应注意方法和策略，避免过度强硬或极端的手段。生活中，商家会通过一些促销手段来吸引消费者购买商品。这些促销手段包括优惠券、打折卡、赠品等。这些促销手段与平时的价格不同，因此会吸引消费者前来购买。"砖"是优惠券、打折卡、赠品等这些小利、甜头。目的在于让用户购买其产品，产品即是"玉"，也是商家的真实意图。当然，"抛砖引玉"也常常被用来引导和激发他人的思考，表达、提出建议，通过自己粗浅的意见框架引出别人高明的见解，从而达到共同进步的目的。因此对于三十六计中的不同计策，一定要因场景的变化而变化，不可生搬硬套。

总结： "抛砖引玉"在不同的场景应用，其结果不同。战场上可用来打击对手，生活中可助力他人。

一个"以小换大"、"以粗浅换高见"的计谋

04

下坎上艮 山水蒙

蒙（méng）

手段   目的

语言 行为 表情 → 购买产品

生活工作中，此策略可用来助力他人成长，激发新的创意。

"砖"   "玉"

优惠券 打折卡 赠品 → 购买产品

战场或商场中，此计谋可用来获取利润或打击对手。

手段   目的

如何规避"抛砖引玉"之计？

不要贪：该计谋的本质是利用人性中的贪婪为诱饵，因此要了解自身的条件，做自己能做的并管好自己，管好自己的弱点。

不轻信：独立思考，不要轻信他人的言行举止。面对万千变化的世界，不自以为是，要客观地判断分析事物背后的真实意图。

不鼠目寸光：生活工作中，在做任何的决策与行动之前，一定要对可能的风险或收益进行评估，不要只看眼前，忽视其潜在的风险。

18. 擒贼擒王

【原文】 **摧其坚，夺其魁，以解其体。龙战于野，其道穷也。**

按语：攻胜，则利不胜取。取小遗大，卒之利、将之累、帅之害、攻之亏也。全胜而不摧坚擒王，是纵虎归山也。擒王之法，不可图辨旌旗，而当察其阵中之首动。昔张巡与尹子奇战，直冲敌营，至子奇麾下，营中大乱，斩贼将五十余人，杀士卒五千余人。巡欲射子奇而不识，剡蒿为矢。中者喜，谓巡矢尽，走白子奇，乃得其状，使霁云射之，中其左目，几获之，子奇乃收军退还。

【译文】 摧毁对手的主要力量，抓获对手的首领，便可瓦解其整体力量。如龙战于旷野，必会穷途末路。

按语：战胜敌人可获得巨大的胜利。如果只看小的利益而错失获取更大利益的机会，结果只能稍微减少一点士兵的伤害，但由于敌军主力未灭，仍是交集的累赘，是主帅的祸害，甚至前功尽弃。获得小胜利，而不去摧毁敌人的中坚力量、抓获敌人的首领，就如同放虎归山，只会让敌人重新集结并增强其战斗力。擒获敌人首领的方法，不能仅仅通过辨认旌旗来识别，而应该观察敌阵中率先行动的人。过去，张巡与尹子奇作战时，他直接冲入敌营，到达尹子奇的指挥部，导致敌营大乱。他成功地斩杀了五十多个敌将，杀死了五千多名士兵。当张巡想用弓箭射杀尹子奇时却发现并不知道哪个是他。张巡便命令手下用蒿杆当箭射杀敌人。被射者发现是蒿杆后很高兴，认为张巡的箭已用完，并告知尹子奇，于是尹子奇被暴露了，张巡看到后，命南霁云放箭射杀尹子奇，射中其左眼并差点将其俘虏，尹子奇只好退兵。

【启示】 《易经·坤》卦上六爻《象》曰："龙战于野，其道穷也。"意思是已穷尽到头了，物极必反，阴极便会转向阳。以此来隐喻在战争（生活、工作）中要抓住关键的时机和对象（关键问题），摧毁敌人的核心力量和首领，以获得决定性的胜利。"擒贼擒王"的本质是抓住问题的核心、关键，即抓主要矛盾。战争中擒贼擒王即是通过打击对手的核心力量，来瓦解其心智，以实现消灭对手的目的。生活、工作中，遇到问题时首先要明确核心问题或关键环节；其次要专注于主要目标，避免被次要任务干扰，并以此制定相应计划和策略，以确保达成目标。在以上逻辑链中，最困难的或许是如何界定问题。问题界定错误，后续环节也必然错上加错。

📝 **总结：**问题界定正确，才能抓到"正确问题"的核心和关键。没错，很多时候，你界定的问题并不准确。

02

下坤上坤 坤为地

坤 （kūn）

遇到问题强调抓主要矛盾之计谋

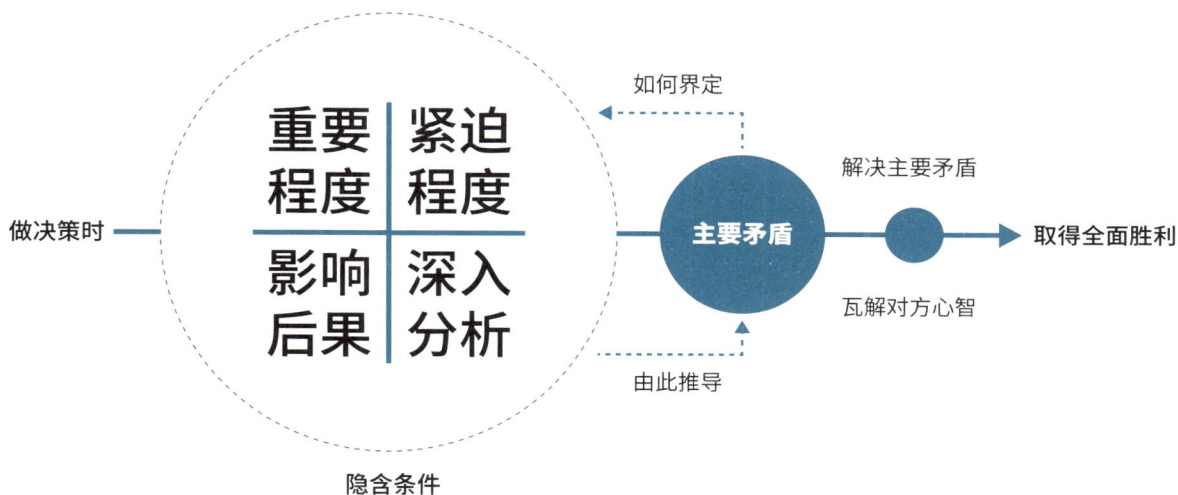

做决策时

| 重要程度 | 紧迫程度 |
| 影响后果 | 深入分析 |

如何界定

主要矛盾

解决主要矛盾

瓦解对方心智

取得全面胜利

由此推导

隐含条件

在做决策或解决问题时，我们应该识别并解决主要矛盾，以推动全局的发展。

如何规避"擒贼擒王"之计？

核心竞争力很重要，但保持开放更重要，如此可让你的个人系统呈网状，而非单一的点状结构。此结构可让你更好地面对挑战和机遇。

不要轻易相信任何人，这一点十分重要，这也是规避风险的方法之一。《鬼谷子·中经》中曰："言多必有数短之处。"管好自己。

制订预备方案，例如，当下随着AI人工智能的发展，未来我所从事的事情将被替代，那么当下我当如何准备。

19. 釜底抽薪

【原文】 不敌其力，而消其势，兑下乾上之象。

按语：水沸者，力也，火之力也，阳中之阳也，锐不可当；薪者，火之魄也，即力之势也，阴中之阴也，进而无害；故力不可当而势犹可消。《尉缭子》曰："气实则斗，气夺则走。"而夺气之法，则在攻心。昔吴汉为大司马，有寇夜攻汉营，军中惊扰，汉坚卧不动。军中闻汉不动，有顷乃定。乃选精兵反击，大破之。此即不直当其力而扑消其势也。宋薛长儒为汉、湖、滑三州通判，驻汉州。州兵数百叛，开营门，谋杀知州、兵马监押，烧营以为乱。有来告者，知州、监押皆不敢出。长儒挺身出营，谕之曰："汝辈皆有父母妻子，何故做此？叛者立于左，胁从者立于右！"于是，不与谋者数百人立于右，独主谋者十三人突门而出，散于诸村野，寻捕获。时谓非长儒，则一城涂炭矣！此即攻心夺气之用也。或曰：敌与敌对，捣强敌之虚以败其将成之功也。

【译文】 不要直接与敌人硬拼，而应间接地削弱它的气势。用以柔克刚的办法来转弱为强。

按语：水沸源于力量，源于火的燃烧，火之力是阳中之阳，锐气无法抵挡；木柴，是火的根本，是火之力的源头，是阳中之阴，靠近也不会受伤害；火之力虽不可挡，却可削弱其源头。《尉缭子》说："士气旺盛就勇于战斗，士气沮丧就会溃败。"而削弱对手士气之法在于攻心。过去吴汉担任大司马时，有敌在夜间攻其营地，军中惊扰不安，吴汉坚持卧床不动，军中将士听后，不一会儿就安定下来。于是挑兵出击，大败敌人。此为不直接迎敌之有生力量而扑灭其士气的策略。宋薛长儒担任汉、湖、滑三州通判时驻扎汉州。州中的士兵有百人反叛，他们开营门，欲杀知州和兵马监押，放火烧毁营寨来作乱。有人告知知州和监押，两人都不敢出城。薛长儒挺身来到叛兵营中，用祸福利害的道理对乱兵说："你们都有父母妻子，为何作乱呢？作乱的站左边，受胁迫参加叛乱的站右边！"于是几百个不想作乱的人站在右边；只有主谋的十三个人冲出营门逃走，分散在各个村庄里，不久被抓获。当时人们说：若不是薛长儒，全城的人都将生灵涂炭了！这就是攻心夺气的运用。有人说：两军对垒，要捣毁敌人的虚弱处，破其即将取得的成功。

【启示】 《易经·履》卦上乾下兑，上面为天，下面为泽，即天泽履。《彖》曰："履，柔履刚也。"即以柔克刚之象。"釜底抽薪"本意是从锅底下抽取木柴，古人通过观察发现，要想降低沸腾的热水，不能用水，那样只会让沸腾的水更加沸腾，而应当通过抽取燃烧的木柴，降低火的燃烧烈度来实现，即从事物的对立面去思考问题。这种传统的辩证思维方式教导我们，面对问题时，应从根本处着手解决。在军事策略中，面对敌人的进攻，我们不应直接硬碰硬，而应洞察关键所在，避开敌人的锐气，削弱其气势，然后伺机而动，趁势取胜。"釜底抽薪"之计不仅在古代战争中有着广泛应用，在现代社会中同样具有很高的实用价值。它启示我们在处理问题时，要善于抓住核心矛盾，从源头解决问题，从而以最小的代价获得最大的胜利。

> **总结：**任何过程如有多数矛盾存在，其中必定有一种是主要的，起着领导的、决定的作用。

凡事从对立面思考，从根本上解决问题的计谋

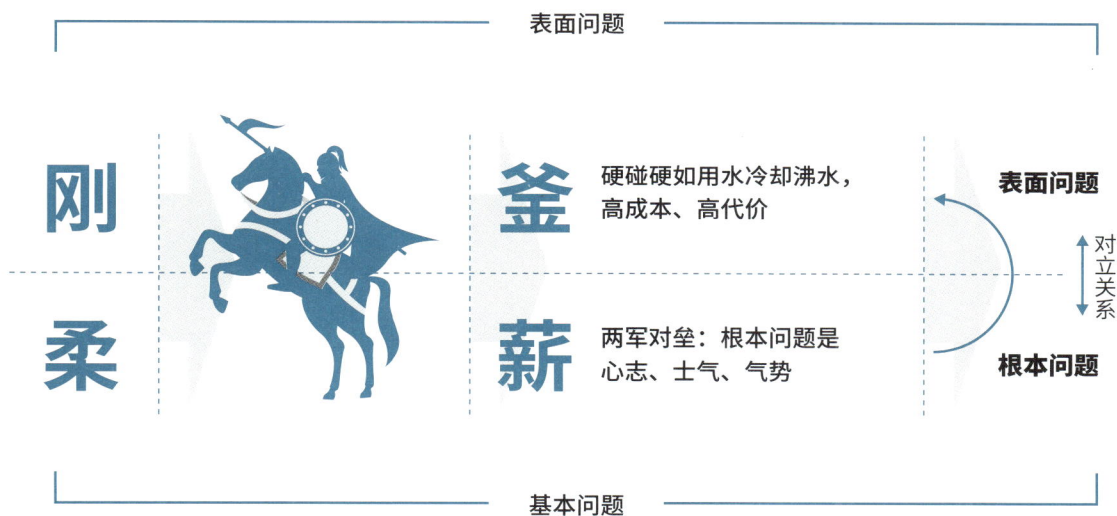

10

下兑上乾 天泽履

履（lǚ）

A ←——→ B

表面问题

刚柔

釜薪

硬碰硬如用水冷却沸水，高成本、高代价

两军对垒：根本问题是心志、士气、气势

表面问题

对立关系

根本问题

基本问题

如何规避"釜底抽薪"之计？

在制定战略时，要综合考虑各种因素，包括自身的实力、对手的优劣、环境的变化等。不要只看到眼前的利益，而忽视了长远的利益。

提高自身的实力和素质，只有自身实力过硬，才能在面对敌人的攻击时更加从容，避免被敌人抓住弱点。

在制定策略时，不要盲目跟风或冒险，一定要将自身的情况（自身条件）和实际情况相结合，来制定合适的策略。

20. 浑水摸鱼

【原文】 乘其阴乱，利其弱而无主。《随》，以向晦入宴息。

按语： 动荡之际，数力冲撞，弱者依违无主，敌蔽而不察，我随而取之。《六韬》曰："三军数惊，士卒不齐，相恐以敌强，相语以不利，耳目相属，妖言不止，众口相惑，不畏法令，不重其将，此弱征也。"是鱼，混战之际，择此而取之。如：刘备之得荆州、取西川，皆此计也。

【译文】 乘对手内部混乱，利用他力量虚弱而没有主见时，使其顺从于我，就像《易经·随》卦所说：人要随从天时变化而去作息，夜晚到来就要入室休息。

按语： 在动荡之际，各种力量之间互相冲撞，弱者犹豫不决没有主见，容易受到干扰而分散且无法冷静判断局势，此时当随势而取之。《六韬·兵征》说："全军多次受惊吓，士卒混乱而不齐，互相传播恐慌心理，担心敌军强大，互相传播不利声音，交头接耳，不断妖言惑众，不怕军令，不尊重将领，这是怯懦的征兆。"就像无所适从的鱼，应在混乱时乘机捕捉它。如刘备取得荆州、西川，皆使用了此计。

【启示】 《易经·随》卦中，《象》曰："泽中有雷，随。君子以向晦入宴息。"下雷上泽，雷潜伏到泽下，是要休息了。这意味着夜晚即将到来，人应当看到规律，遵循规律。"浑水摸鱼"其本质是利用混乱的局面，把握时机，来获取利益或实现自己的目的，结合《随》卦即合适的时间做合适的事，该做的时候不做，就等于"放虎归山"了。从一个角度看，在使用"浑水摸鱼"计策时，需要主动制造或利用混乱的局面，让对手陷入混乱无序的状态，在其不能做出正确的判断，不能采取正确的行动时，抓住其弱点，趁机采取行动。从另一个角度看，该计谋也是一种"障眼法"，即通过制造混乱的手段，来实现掩盖自己真实意图的目的。在生活工作中，"浑水摸鱼"这一计谋可以启发我们更加善于观察和利用环境，果断决策，保持冷静的心态，不断学习和适应变化的环境。

总结： 水足够浑，局足够乱，嘈杂纷乱中获取机会，当陷入泥潭时不如集中注意力，保持初心和专注。

17

下震上泽 泽雷随

随（suí）

利用制造混乱来获取利益或实现目标的策略之计谋

乱战

掩盖真实意图

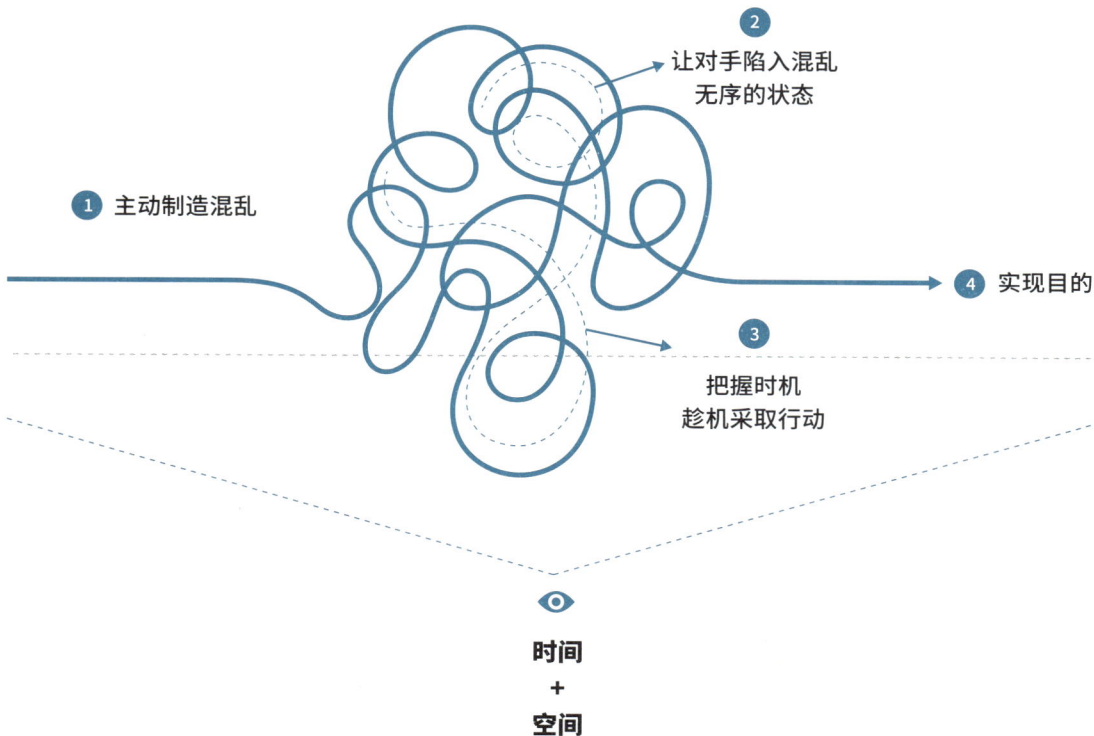

2 让对手陷入混乱
无序的状态

1 主动制造混乱

4 实现目的

3 把握时机
趁机采取行动

时间
+
空间

如何规避"浑水摸鱼"之计？

"不识庐山真面目，只缘身在此山中。"混乱不仅会扰乱我们的心绪，还会干扰我们所做的判断。在纷繁复杂的世界中，我们需要以冷静的头脑和清晰的视角来审视问题，努力突破迷雾，把握全局。只有这样，我们才能真正识得庐山的真面目，理解其背后的真相与本质。

在面对复杂的局面时，要学会独立地分析和思考，理性而专注地看待问题，避免因对方的故意干扰而乱了方寸。

21. 金蝉脱壳

【原文】 存其形，完其势；友不疑，敌不动。巽而止《蛊》。

按语： 共友击敌，坐观其势。倘另有一敌，则须去而存势。则金蝉脱壳者，非徒走也，盖为分身之法也。故大军转动，而旌旗金鼓，俨然原阵使敌不敢动，友不生疑。待己摧他敌而返，而友敌始知，或犹且不知。然则金蝉脱壳者，在对敌之际，而抽精锐以袭别阵也。如：诸葛亮病卒于军，司马懿追焉。姜维令仪反击鸣鼓，若向懿者，懿退，于是仪结营而去。檀道济被围，乃命军士悉甲，身白服乘舆徐出外围。魏惧有伏，不敢逼，乃归。

【译文】 战场上，保存阵地形态，并不断完备阵容，使友军不生疑，敌军也不敢冒进。我方却趁机转移了主力，安然躲过战乱。这个道理出自《易经·蛊》卦。

按语： 用共同对敌的行动，坐观敌势。如果还有其他的敌人，那么就需要保存自己的阵势并分兵迎击。像金蝉脱壳一样，不能只管自己退走，还要学会分身之法。所以大军在转移的时候，旌旗金鼓，严整肃穆，如同原来的阵势，使敌人不敢贸动，友军也不怀疑，等待自己打败别处的敌人返回来，友军和敌军才刚刚发觉，或者还尚未发觉。所谓"金蝉脱壳"的战术，是在对敌作战的时候，暗中抽出精锐部队去袭击别处的敌人。比如：诸葛亮死在军中，司马懿追击蜀军，姜维命令杨仪反用旗帜击鼓，好像调头攻击司马懿的样子，司马懿就退却了。于是杨仪就结营离去。檀道济被围攻，就命令军士全副武装，自己穿着白色衣服乘着车驾慢慢出城，魏军害怕有伏兵，不敢逼近，于是就退却了，于是檀道济得以安全归去。

【启示】 《易经·蛊》卦中《彖》曰："蛊，刚上而柔下，巽而止，蛊。"意思是上艮下巽，上面是山，下面的风谦逊而沉静地流动，事可顺。在"金蝉脱壳"之计中，意思是说表面上稳住对手，而暗中实施主力的转移或撤退工作，如此是顺利的，是没有很大风险的。"金蝉脱壳"是一种"走而示之不走"的策略，与《孙子兵法》计篇中的"兵者，诡道也。故能而示之不能，用而示之不用"是一个道理，可以看作是《孙子兵法》中虚实的一种具体应用，即通过制造假象或迷惑敌人来脱身或转移，可以使敌人在短时间内失去判断力和行动能力，从而为我方赢得时间和空间。同时，"金蝉脱壳"也可以作为一种战术手段来使用，通过巧妙的伪装和欺骗来达到自己的目的。

📝 **总结：** 当遇到走而示之不走，动而示之不动时，可不走而示之走，不动而示之动，思而示之不思。

18

上艮下巽 山风蛊

蛊（gǔ）

"走而示之不走"以退为进之计谋

走 　 不走

走 ----------→ 示之不走

主力
脱身
转移

壳
假象

迷惑对手

示之走 ←---- 而不走

信以为真

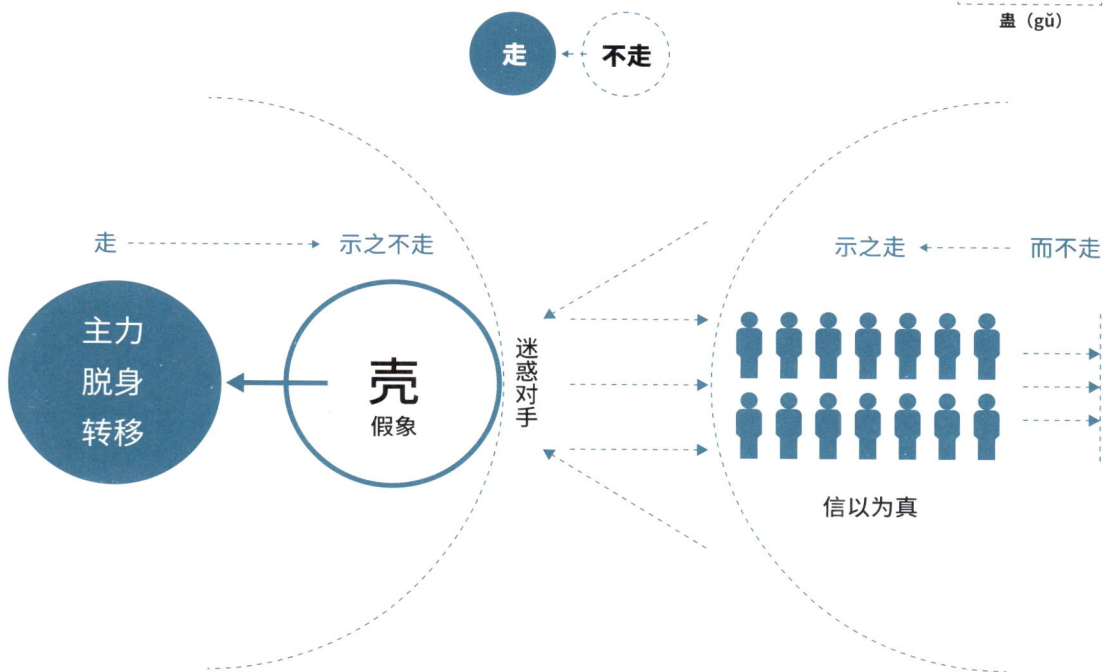

"金蝉脱壳"是一种迷惑对手的策略，通过制造假象或迷惑敌人来脱身
或转移，同时保持自己的实力和优势。

如何规避"金蝉脱壳"之计？

博弈本是你来我往，这其中各种变化都存在不确定性。因此，要随机应变，并对确定的存在持疑惑态度。

在生活工作中，对于自身主观意识、固有的思维方式、习惯的思维方式要时刻警惕，不固守并不断地寻找新的机会。

混战计的六个计谋都是围绕"混乱"展开的，因此，要管理好自己的情绪，不被其左右，保持冷静和理性。

22. 关门捉贼

【原文】 小敌困之。《剥》，不利有攸往。

按语： 捉贼而必关门，非恐其逸也，恐其逸而为他人所得也。且逸者不可复追，恐其诱也。贼者，奇兵也，游兵也，所以劳我者也。《吴子》曰："今使一死贼伏于旷野，千人追之，莫不枭视狼顾。何者？恐其暴起而害己也。是以一人投命，足惧千夫。"追贼者，贼有脱逃之机，势必死斗；若断其去路，则成擒矣。故小敌必困之，不能，则放之可也。

【译文】 对弱小的对手或数量较少的对手，要实施围困。对于那些看起来势单力薄的小股顽敌，不宜急追远赶。这是从《易经·剥》卦中悟出的道理。

按语： 捉贼一定要关起门来捉，并非怕贼逃跑，而是怕贼逃走被他人得而利用。况且，已逃走的贼不可再追赶，以防上了贼的诱兵之计。贼就是奇兵（见《孙子兵法·势篇》），出没无常的队伍，用来使我军劳累的军队。吴起说："如今让一个不怕死的贼伏在野外，千人追捕他，没有一个不犹豫害怕。为什么？是怕贼突然跳出来伤害了自己。所以一个不怕死的足以使千人害怕。"追击贼，贼有逃脱的可能，就必然会拼死反抗；如果截断他的去路，就会被我军活捉。所以对小敌一定要围困住他，如果不能围困，就放走他。

【启示】 《易经·剥》卦卦辞曰："剥，不利有攸往。"下坤上艮，秋天万物凋零，阳气即将被剥尽。此象，"往"是不利的，因此"关门捉贼"之计是说，对于小股力量的对手，去急追或者去远赶都是不利的，尽快围困全歼是有利的。"按语"中讲"贼者，奇兵也"，这里的奇兵即《孙子兵法·势篇》中："凡战者，以正合，以奇胜"的奇兵。奇兵往往作战灵活，以用于出奇制胜以及诱敌疲劳之用。因此一旦遇到，务必即时围困消灭。这种策略不仅局限于此，还可以应用于不同规模的战争中，从小规模的战斗到大规模的战争都可以使用。简言之，"关门捉贼"是指在我方"正"遇到敌方"奇"的情况下，切记万不可追，以免陷入对方计谋的防范之计。

总结：《三十六计》之妙在于它不仅是一套独立的计谋，而且是一套可组合变化的策略和战术系统。

一个提醒你不要陷入对方计谋的防范之计

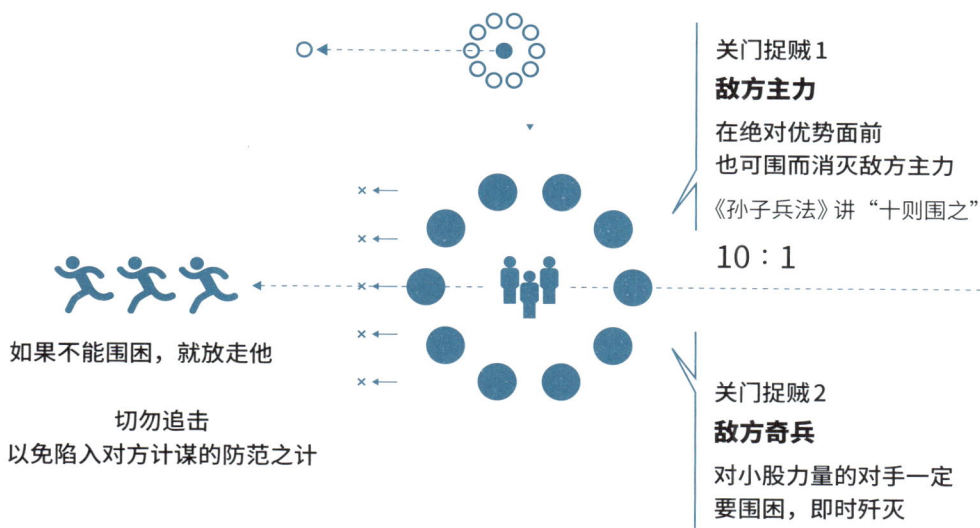

关门捉贼 1

敌方主力

在绝对优势面前
也可围而消灭敌方主力

《孙子兵法》讲"十则围之"

10：1

如果不能围困，就放走他

切勿追击
以免陷入对方计谋的防范之计

关门捉贼 2

敌方奇兵

对小股力量的对手一定
要围困，即时歼灭

如何规避"关门捉贼"之计？

"无中生有"之计可以作为一种有效的策略来破解"关门捉贼"之计。此计可以让敌人产生错觉和判断失误，从而破解敌人的包围。

"声东击西"可以通过转移敌人注意力，在敌人的正面制造一些行动或声响，使其产生错误判断，从而破解敌人的包围。

以计解计，三十六计不仅仅是三十六个计谋，其如《易经》一样具有相生、相克之特性，两两组合、三三组合之妙。

23. 远交近攻

【原文】 形禁势格，利从近取，害以远隔。上火下泽。

按语： 混战之局，纵横捭阖之中，各自取利。远不可攻，而可以利相结；近者交之，反使变生肘腑。范雎之谋，为地理之定则，其理甚明。

【译文】 地形地势受限受阻，攻取近处的敌人有利，攻取远隔的敌人有害。这是从《易经·睽》卦里悟出的道理，火向上烧、水往下流是我方与邻近者乖离的情形。

按语： 在混战的局势下，各方势力处在分分合合频繁变化之中，各自都在争取自己的利益。相隔甚远的对手不要去攻打，可以采取联合的策略；如果与邻近的对手结交，反而会使变乱在身边发生。范雎的谋略确定了根据地理远近结交与攻打的规则，其道理是非常明白的。

【启示】 《易经·睽》卦卦辞曰："上火下泽，睽。君子以同而异。"泽的运动方向是向下的，火的运动方向是向上的，两者组合在一起，相互背离，是分而不合之象。若不遵循客观规律的发展把相悖分离转变为相合的局面，必然是不利的。"远交近攻"反过来"远攻近交"会怎么样？一则容易被近处的对手趁机消灭；二则远处的对手即便打赢了，中间还隔着一段距离，兵力的部署有问题，这就很危险了；三则远处打输了，回来路上也容易被近处的对手收拾。可见"远攻近交"显然属于违背规律的，违背客观事实的，如火泽。"远交近攻"采用分化瓦解、各个击破的策略，利用地理条件进行战略规划。其核心思想是避免树敌过多，通过结交远离自身的国家，并攻击邻近的国家，逐步扩大疆域，最终实现统一。在混战的局势下，各方都会不择手段地争取利益，此时"远交近攻"的策略可以起到关键作用。

总结：《孙子兵法·谋攻篇》中讲"倍则分之"，"远交近攻"可将国之外看作一个"整体"，将其一个一个去分解，就好像是饭要一口一口吃，才能全部完成消灭。

一个设法瓦解分化、逐个击破对方的计谋

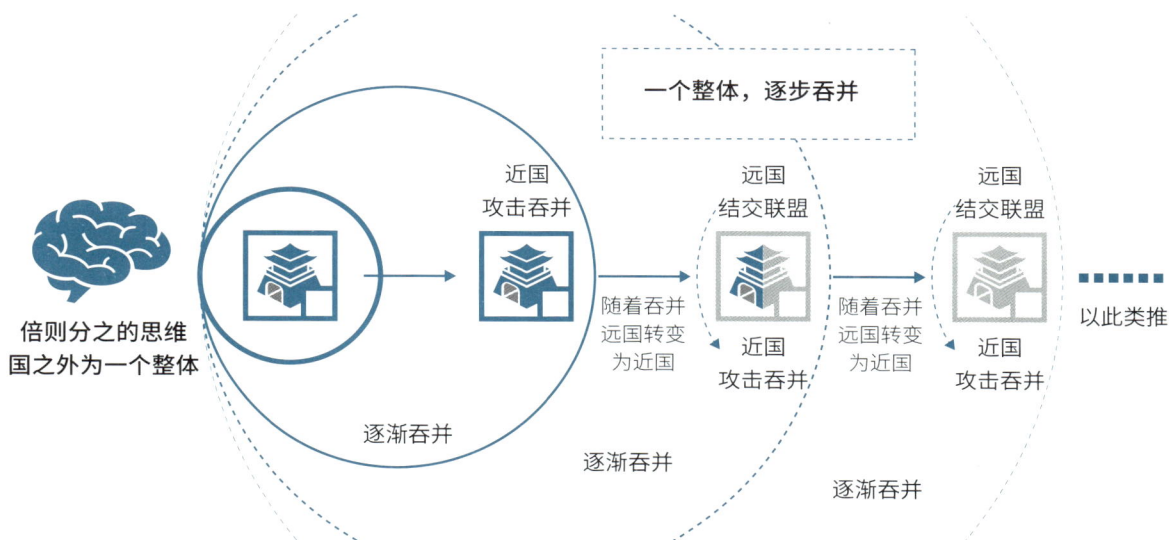

38

下兑上离 火泽睽

睽（kuí）

一个整体，逐步吞并

近国
攻击吞并

远国
结交联盟

远国
结交联盟

倍则分之的思维
国之外为一个整体

随着吞并
远国转变
为近国

近国
攻击吞并

随着吞并
远国转变
为近国

近国
攻击吞并

以此类推

逐渐吞并

逐渐吞并

逐渐吞并

如何规避"远交近攻"之计？

如果敌人正在对远离自身的目标进行攻击，可以通过攻击其后方或交通要道等重要部位，使敌人不得不撤退或放弃攻击目标。

加强自身实力是破解"远交近攻"的关键。要提高军事实力和技术水平，加强自身的实力和竞争力，从而更好地应对敌人的进攻。

积极寻求新的合作伙伴。与周边国家建立良好的关系，形成更加广泛的联盟体系，可以增加对自身的支持和援助来源。

24. 假道伐虢

【原文】 两大之间，敌胁以从，我假以势。《困》，有言不信。

按语： 假地用兵之举，非巧言可诳。必其势不受一方之胁从，则将受双方之夹击。如此境况之际，敌必迫之以威，我则诳之以不害，利其幸存之心，速得全势。彼将不能自阵，故不战而灭之矣。如：晋侯假道于虞以伐虢。晋灭虢，虢公丑奔京师。师还，袭虞灭之。

【译文】 两个大国之间的小国，当受到对手胁迫小国屈从于他的时候，我方应当做出出兵援救之姿态，如此便会得到小国的信任。这是从《易经·困》卦中悟出的道理。

按语： 借道行军，不是用巧妙的语言能够欺骗对方的，必是中间势力处于不受一方威胁，而是处于双方势力的夹击中。像这样的局势，敌人一定会用武力逼迫其屈服，我们则用不让对方受到伤害为诱饵，利用其侥幸存活的心理，迅速获得全面的优势。中间国势必不能自己守住阵地，所以不经过战斗就能使其灭亡了。例如，晋献公向虞国借路去攻打虢国，晋国灭掉了虢国，虢公丑逃到京师，晋军返回，袭击虞国并灭掉了它。

【启示】 《易经·困》卦卦辞曰："困，亨，贞，大人吉，无咎，有言不信。"困卦是亨通的，原因是"贞"，就是说要坚守正道，坦然面对困难就会亨通顺利。大人吉，小人不吉。但大人吉是有前提条件的，其前提是当一个人身处困境时，没人相信他讲的话，要看你的实际行动，你的德行表现。此计指小国遇到困境时，我方不能只说不做。如此对方才能彻底相信我方。"假道伐虢"的本质是制造混乱局势，即利用对方的内部矛盾或弱点，离间对方的联盟关系，使对方自行瓦解分化，各不相助，互不救危。此计谋往往不仅局限于"假道"，而是将敌人分而治之，先使敌方成为"无唇之齿"，灭敌之后又使另一方成为"无齿之唇"，这样既可以使灭敌变得更便捷，更有成效，也可以将灭另一方的计划暂时隐藏起来，使其毫无戒备、措手不及，使我们获得事半功倍、一箭双雕的效果。

总结： "远交近攻"与"假道伐虢"都是随情况的变化而定，具体问题具体分析，一切当因地制宜。

47

下坎上兑 泽水困

困（kùn）

一个以"借道"为名攻打敌方的计谋

A送B良马美璧，以离间、分化、瓦解BC的关系

假道，是借路的意思。伐，是攻占的意思。虢，是春秋时的一个小国。用于军事上，其意在于先利用甲做跳板，去消灭乙，达到目的后，回过头来连甲一起消灭，或者以向对方借道为名，行消灭对方之实。

以B为跳板

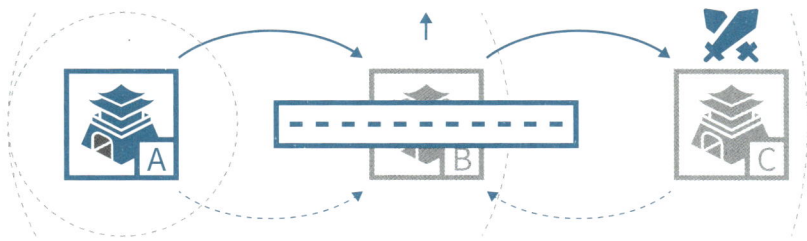

以B为跳板，灭C后，回头灭B。但此计有很大的风险，小心B。

如何规避"假道伐虢"之计？

上篇讲"远交近攻"，可与远离对手的国家建立友好关系，采取结盟、支持等策略，以扩大自身的势力范围和影响力。

结盟与联合都是暂时的，合久必分，分久必合。明此理，因地、因时、因空间、因人的变化而制宜，具体问题具体分析，切不可一概而论。

无论何时，不断地强大自己都是非常必要的，终身学习不仅仅是口号，能可持续地输出输入，顺势而为，才是当做之事。

25. 偷梁换柱

【原文】 频更其阵，抽其劲旅，待其自败，而后乘之，曳其轮也。

按语： 阵有纵横，天衡为梁，地轴为柱。梁柱以精兵为之，故观其阵，则知精兵之所在。共战他敌时，频更其阵，暗中抽换其精兵，或竟代其为梁柱；势成阵塌，遂兼其兵。并此敌以击他敌之首策也。

【译文】 频繁地变动友军阵容，暗中抽换他的主力部队，等到他自我衰败后，乘机兼并他。这便是《易经·既济》卦中所说的，只要拖住车的轮子，就能控制住车的运行。

按语： 阵型排列有纵有横，阵有"天衡"，前后为"梁"，中央为"柱"。布阵时常在梁、柱处布以精兵，因此只要观察友军的军阵，便可知道他的精兵在哪里。与友军共同对抗敌军时，可在频繁变更友军军阵的过程中，暗中将其精锐从天衡、地轴处抽换掉，或者用我方的部队取而代之；这样友军的军阵便成坍塌之势，我方可将之兼并。这就是兼并控制友军再去攻打其他敌人的良策。

【启示】 《易经·既济》卦中《象》曰："曳其轮，濡其尾，无咎。"意思是说车的运行主要依靠车轮，拖住车轮，车子也就无法行驶。"频更其阵"即频繁地更换友军的阵型是手段，目的是"抽其劲旅"，即抽取友军的"梁柱"，抽取友军的"车轮"。因此"偷梁换柱"是一个利用与友军联合作战的机会兼并友军的计谋。上篇我们讲到的"假道伐虢"，与此计可结合使用，如郑庄公"偷梁换柱"吞并戴国，即先用"假道伐虢"之计将我方的力量渗透进戴国系统，以帮助戴国抵御敌军的名义组建由我方领导的联军，接着运用"偷梁换柱"控制友军，最后兼并戴国。职场中，此计谋也常被用于大企业吞并小企业，对手品牌挖走自己品牌中的核心成员的情况。

📝 **总结：** 这个世界的本质是不断变化的，因此，我们应当寄希望于自身实力，而非天地，亦非他人。

一个让你思考"弱小"之计谋

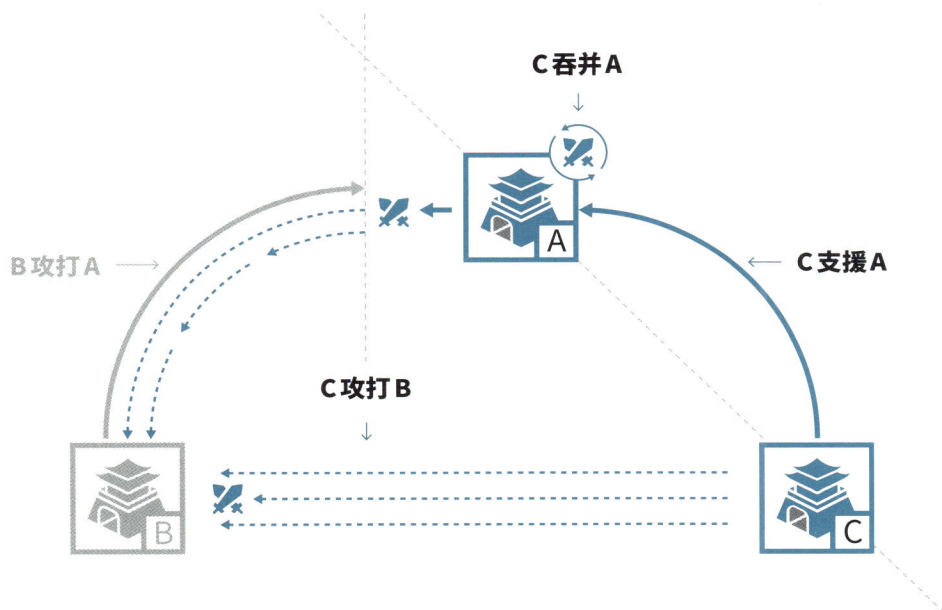

C吞并A

B攻打A →

C支援A

C攻打B

"偷梁换柱"即在不引起注意的情况下，秘密替换掉原有的结构或要素，通常用来比喻暗中进行的变革或替代。

如何规避"偷梁换柱"之计？

"假道伐虢""偷梁换柱"之所以会用到你身上，关键在于你的弱小，你的依赖，无论是国家、企业或是个人，自强不息当为首要。

"曳其轮"所传达的意思是遇到问题，抓主要矛盾。因此对自己要时刻反思、反省，遇到问题及时复盘，修补自身缺陷。

我们抵挡不住人性的欲望，因此，不要寄希望于他人的不贪，《孙子兵法》讲："能为不可胜，不能使敌之必可胜。"

26. 指桑骂槐

【原文】 大凌小者，警以诱之。刚中而应，行险而顺。

按语： 率数未服者以对敌，若策之不行，而利诱之，又反启其疑。于是故为自误，责他人之失，以暗警之。警之者，反诱之也；此盖以刚险驱之也。或曰：此遣将之法也。

【译文】 强大的一方欺凌控制弱小的一方，需要用警戒的方法进行诱导。就如《易经·师》卦所说，刚强中正就会赢得上下相应，即便在险地也会顺利。

按语： 率领素来不服从指挥的队伍去对敌作战，如果他们不愿行动，这时用利益引诱迫使他们行动，这反而会使他们生疑心；此时可故意制造事端，借此责备他人的过失，借以暗示警告不服从命令者。所谓暗示警告，就是反过来运用某种方法诱导制服他们。或者还有种说法是调兵遣将的方法。

【启示】 《易经·师》卦中《彖》曰："师，众也。贞，正也。能以众正，可以王矣。刚中而应，行险而顺，以此毒天下而民从之，吉又何咎矣。"意思是说刚健中正、守正道、顺应时事，行动虽然有艰险，但因为能顺应天道，所以都能化险为夷，这样去治理天下，人们就会服从。《孙子兵法·九地篇》中讲："静以幽，正以治。"即御下平正无偏，就是公正，故能致治，人人都有敬畏心，上上下下很有秩序，不敢慢。要达到这种状态，不得不用警戒来引导，用警戒来实现公正。所以要在适当的时候用刚强中正的手段，才能将"敬畏之心"引出来，如此才能顺利。反过来讲，让众人有"敬畏之心"也是最大化保存自己实力的一种必要的手段。

📝 **总结：** 在职场中"指桑骂槐"的应用非常普遍，聪明一点，不要站在对立面，用冷静和机智去应对。

一个避免直接冲突，却能震慑他人的计谋

令行禁止　　　　法令严明

警告
利诱

不战
而胜

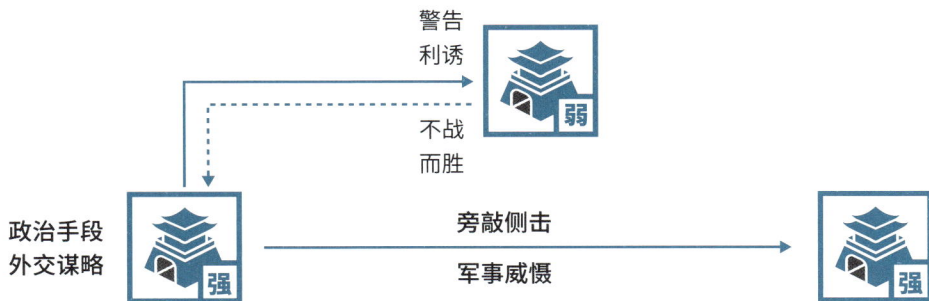

政治手段
外交谋略

旁敲侧击
军事威慑

如何规避"指桑骂槐"之计？

在生活工作中，遇到此类问题首先要保持冷静和理性的态度，不要被对方的言语所影响，以免陷入对方设下的陷阱。

实事求是地对待，将话题重新引导到事实层面和问题的本质上来。此手段经常在外交斗争中使用，阐明事实，专注实质性问题。

长线思维去看待问题，这种心态非常重要。诸位可以尝试，当你遇到问题时，客观看待，不要直接站在对立面，很多问题可以自然化解。

27. 假痴不癫

【原文】 宁伪作不知不为，不伪作假知妄为。静不露机，云雷屯也。

按语： 假作不知而实知，假作不为而实不可为，或将有所为。司马懿之假病昏以诛曹爽，受巾帼、假请命以老蜀兵，所以成功；姜维九伐中原，明知不可为而妄之，则似痴矣，所以破灭。兵书曰："故善战者之胜也，无智名，无勇功。"当其机未发时，静屯似痴；若假癫，则不但露机，则乱动而群疑。故假痴者胜，假癫者败。或曰："假痴可以对敌，并可以用兵。"宋代，南俗尚鬼。狄青征侬智高时，大兵始出桂林之南，因佯祝曰："胜负无以为据。"乃取百钱自持，与神约，果大捷，则投此钱尽钱面也。左右谏止："倘不如意，恐沮军。"青不听。万众方耸视，已而挥手一掷，百钱皆面。于是举兵欢呼，声震林野，青亦大喜；顾左右，取百钉来，即随钱疏密，布地而贴钉之，加以青纱笼护，手自封焉。曰："俟凯旋，当酬神取钱。"其后平邕州还师，如言取钱，幕府士大夫共祝视，乃两面钱也。

【译文】 宁可假装不知道而不去做，也不假装知道而轻举妄动。冷静而深藏不露，这是从《易经·屯》卦悟出的道理，如同雷霆藏在云雷后面，不显露自己。

按语： 假装不知，实则非常明白；假装不动，实则是客观形势不允许现在行动，或是要耐心等待时机成熟再行动。司马懿装病诛杀曹爽；接到诸葛亮"赠送"的妇人服饰，却并不因受辱而被激怒，依然假装上表请命拒不出战，以此疲劳蜀军并获得成功。姜维九次征伐中原，明知不可为却偏要执意妄为，那就是真的痴了，所以必败。《孙子兵法》说："善于用兵的人，打了胜仗，并不争名，也不炫耀功劳。"当他们的计谋还没有实行时，他们如《屯》卦所言深藏不露。若假装癫狂，不仅会暴露战机，还会因乱动而引起人的猜疑。所以装痴可胜，装癫则败。有人说：装痴既可以用以对敌，也可以用来治军。宋时南方的风俗崇尚鬼神。狄青率军征讨侬智高，大军到桂林以南时，狄青假装拜神说："这次出征胜负难料啊！"说罢便取出一百个钱许愿："此次若能胜，就让掷出的钱都正面朝天！"左右的人劝说："这样做不行啊，倘若正面不朝天，恐怕会影响士气！"狄青不听劝。在众人注视之下，挥手一掷，一百个钱纷纷落地且都正面朝天。全军齐声欢呼，声音响彻山林旷野，狄青也非常高兴，随即又招呼左右的人取一百个钉子来，按照钱的位置，把钱都钉在地上，并再用青纱盖好，说道："待凯旋，一定要酬谢天神再把钱取回。"后来，狄青领军平定了邕州，凯旋回来后按原先说的那样去取钱，将军和士兵们都围在一旁祷告观看，却见所取的钱原来两面都是正面。

【启示】 《易经·屯》卦中《象》曰："云雷屯，君子以经纶。"意思是《屯》卦下雷上云，即雷动于下，云行于上，云势压抑雷动，君子看到这样的景象，应当认真对待，先稳定下来对将要做的事情要做周密策划，经纶运于一心，藏而不露声色。"假痴不癫"的本质是通过伪装表面（"假痴"就是装疯卖傻、装聋作哑，而内心清醒透彻），来迷惑对方，一旦爆发，便出其不意，最终摆脱困境或实现自己的目标。在军事、政治和商业等领域与《孙子兵法·计篇》所讲的"兵者，诡道也。故能而示之不能，用而示之不用，近而示之远，远而示之近"同理，都是通过误导对方，使其产生错误的判断或放松警惕，从而有利于自己实现隐藏真实意图和能力的目标。

📝 **总结：**"象"有真有假、有好有坏，变化万千，切记勿要着了相，佛曰："见相非相，即见如来"。

一个隐藏真实实力或意图之计谋

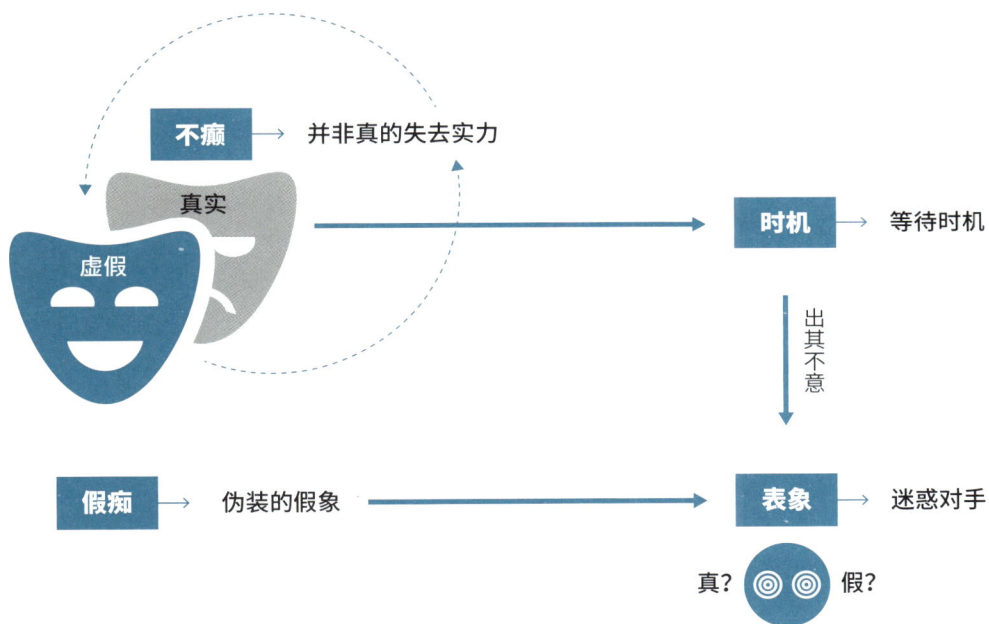

47

下震上坎 水雷屯
屯（zhūn）

不癫 → 并非真的失去实力

真实

虚假

时机 → 等待时机

出其不意

假痴 → 伪装的假象

表象 → 迷惑对手

真？ ◎◎ 假？

如何规避"假痴不癫"之计？

当遇到迷惑性行为或言语时，要保持冷静并有所警惕，不要轻易相信对方的表面行为，同时还要通过深入分析来识别对方的真实意图。

云下有雷，狂风暴雨之象，但也有光打雷不下雨的时候。象的千变万化是为了掩饰真实意图，从而找寻机会，面对此象该停下就停下。

对方实施"假痴不癫"目的是制造假象，从而发动攻击。遇此情况时，可反其道而行之，让对方无法判断我方真实意图。

28. 上屋抽梯

【原文】 假之以便，唆之使前，断其援应，陷之死地。遇毒，位不当也。

按语： 唆者，利使之也。利使之而不先为之便，或犹且不行。故抽梯之局，须先置梯，或示之以梯。如：慕容垂、姚苌诸人怂秦苻坚侵晋，以乘机自起。

【译文】 假借给对手便利，以诱导他们前进，然后切断其后援之路，让其陷于死地。这是从《易经·噬嗑》卦中悟出的道理，敌人见利贪食，故而上当受骗。

按语： 唆者，即用利益去驱使引诱敌人。如果只用利益引诱敌人而不给对方创造方便的条件，那么敌人就会犹豫不前。故要采用"上屋抽梯"这个计谋，必须先设置好梯子，或将梯子的位置显示出来让敌人知道。就如前秦慕容垂、姚苌怂恿苻坚去攻打东晋，苻坚大败于淝水后，慕容垂、姚苌趁机称帝立国。

【启示】 《易经·噬嗑》卦六三《象》曰："遇毒，位不当也。"意思是说阴处在了阳的位置，属于位置不当，位不当时不能贪，此时若还贪图小利、贪图不应当得到的利益，盲目地前进去获取是很危险的，必然将自己陷于死地。位不当也，当自身能力与实际位置不匹配时，就需要沉下心来好好学习，天天向上。吃着碗里瞧着锅里，自不量力那必然没什么好结果。"上屋抽梯"本质是通过制造"便利"诱敌深入（上屋），断其后路（抽梯）围而歼之。现实生活中不仅要审时度势，还要理性客观地看待问题，善于利用资源，学会借力使力等。这些启示可以帮助我们在现实生活中更好地应对各种问题和挑战，提高自己的智慧和谋略水平。

📝 **总结：** 能扛得住"诱"的人，贵在了解自己，贵在能驾驭另一个自己。

一个让你反思自我之计谋

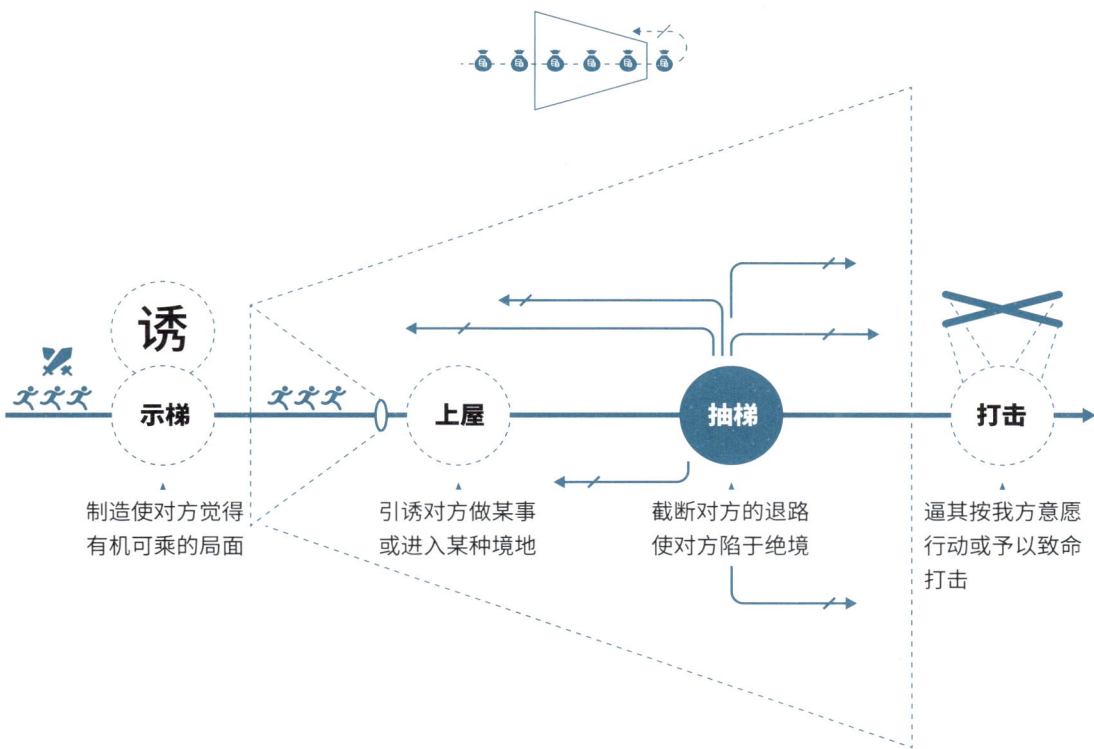

诱

示梯 — 制造使对方觉得有机可乘的局面

上屋 — 引诱对方做某事或进入某种境地

抽梯 — 截断对方的退路使对方陷于绝境

打击 — 逼其按我方意愿行动或予以致命打击

如何规避"上屋抽梯"之计？

强者内心刚正不阿，不是他不为之所动，而是他能看到自己的人性，并驾驭自己人性中的弱点，而不被其驾驭，不被其所扰，此为源头。

因此，一般情况下，战争因争利而起，博弈因争利而斗，打仗、博弈拼的是谁能扛得住"诱惑"，谁能驾驭得住自己的人性。

一般情况下，一旦你成了对手瓮里的鳖，所剩即是求生，但能爬出来的也不是一般人了。

29.树上开花

【原文】借局布势，力小势大。鸿渐于陆，其羽可用为仪也。

按语：此树本无花，而树则可以有花，剪彩贴之，不细察者不易觉。使花与树交相辉映，而成玲珑全局也。此盖布精兵于友军之阵，完其势以威敌也。

【译文】借合力之局来布置阵势，使原本的弱势转变为气势浩大之态。这是从《易经·渐》卦中所悟出的道理，鸿雁飞到山上，落下的羽毛可以用做装饰，增加气氛。

按语：此树本来没有花，但树可人为让其开花，把彩色绸绢剪成花朵粘在树上，不仔细察看的人不容易察觉，让花与树交相辉映，形成精巧的整体。这就如在友军的阵地上布置精兵，完善其阵势来威慑敌人。

【启示】《易经·渐》卦上九爻的爻辞曰："鸿渐于陆，其羽可用为仪，吉。"意思是说大雁渐渐飞到高高的山顶之上，其羽毛可用来制作典礼的装饰，此为吉利。人们从中悟到"气势"是可以人为制造的，即通过人为巧妙的布置或伪装等手段，将本来没有的东西或本来就存在的东西伪装起来，以此达到迷惑对手、震慑对手的目的。在具体实施时，通常需要借助某种局面或手段，比如借用其他军队的阵地或采用其他迷惑敌人的手段，以布成有利的阵形。这样可以使得本来弱小的兵力在敌人看来显得强大，从而造成敌人的困扰和误判。简而言之，"树上开花"之计是通过借力于某种局面或手段，以假乱真，震慑迷惑对手，从而达到自己的目的。

总结：以实事求是为衡量标准或检测工具，阶段性检查自己所做之事，不违背客观规律即可。

以假乱真、混淆视听之计谋

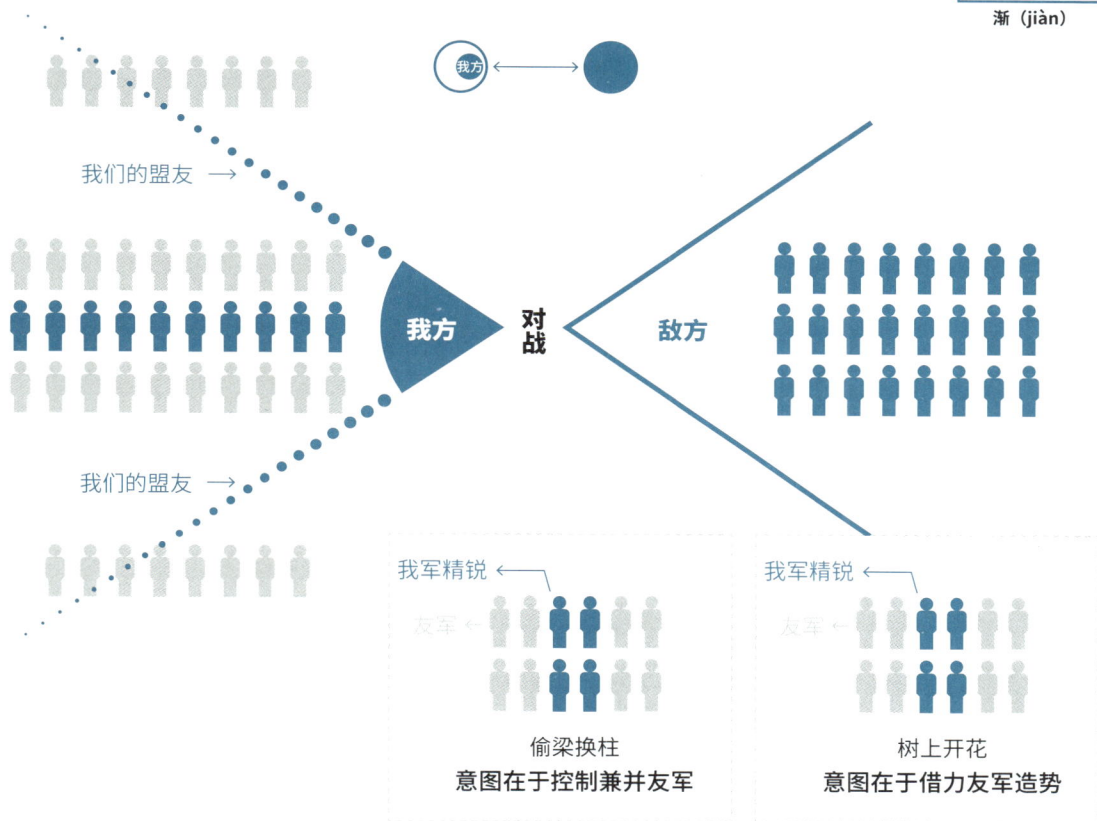

53

下艮上巽 风山渐

渐 (jiàn)

我方 → ●

我们的盟友 →

我方　对战　敌方

我们的盟友 →

我军精锐 ←
友军 ←
偷梁换柱
意图在于控制兼并友军

我军精锐 ←
友军 ←
树上开花
意图在于借力友军造势

如何规避"树上开花"之计？

虚虚实实，真真假假，不可臆想、猜测，可以通过一些手段，比如侦察工作、派遣间谍等手段，探得虚实。对所见质疑，是个好的习惯。

"树上开花""瞒天过海""借刀杀人"等计谋都有其共性，都有制造假象、混淆视听的含义，可以以计解计，也可用"反间计"破解。

生活工作中，学习的目的是提升认知，一则用来帮助我们客观看待所做之事是否有违背客观规律的情况，二则用来判断真假是非。

30.反客为主

【原文】 乘隙插足，扼其主机，渐之进也。

按语： 为人驱使者为奴，为人尊处者为客，不能立足者为暂客，能立足者为久客，客久而不能主事者为贱客，能主事则可渐握机要，而为主矣。故反客为主之局：第一步须争客位；第二步须乘隙；第三步须插足；第四步须握机；第五步乃成为主。为主，则并人之军矣，此渐进之阴谋也。如李渊书尊李密，密卒以败；汉高视势未敌项羽之先，卑事项羽，使其见信，而渐以侵其势，至垓下一役，一举亡之。

【译文】 利用对手的漏洞、空隙插足进去，扼住其要害部位，稳扎稳打地向前推进。这是从《易经·渐》卦中悟出的道理。

按语： 被别人驱使者为奴，受他人尊敬者为客，不能站稳脚跟的只是暂时的客人，能够站稳脚跟的是长期的客人，作为客人时间久了而不能参与决定事情的人是低贱的客人，能够参与决定事情就可以逐渐掌握大权，从而成为主人。所以反客为主的局势形成：第一步必须争得客位；第二步必须抓住机会；第三步必须插手进去；第四步必须掌握大权；第五步便成功了。成为主人后，便能兼并别人的军队，这是逐渐推进的阴谋。如李渊给李密写信表示尊重李密，李密最终失败了。汉高祖在形势不如项羽的情况下，谦恭地对待项羽，使项羽放心，并且逐渐削弱他的力量，到垓下一战时，一举消灭了项羽。

【启示】 《易经·渐》卦中《彖》曰："渐之进也。"即渐渐地前进，稳扎稳打，循序渐进。"反客为主"即在战争或竞争等行动中，通过巧妙地利用各种手段和机会，由被动转为主动，占据主导地位。《孙子兵法·虚实篇》中讲："故善战者，致人而不致于人。"让原来的主人处于被动地位，从而达到自己的目的。"反客为主"之计的本质是夺取主动权，转不利为有利。生活、工作中，当我们在面对竞争和挑战时，首先要善于发现机会，且利用好机会，如对手的疏忽、弱点或漏洞等，来改变整个局势的走向；其次要有主动性，如此便可控制整个局势的发展；再其次是稳扎稳打，循序渐进地行事。另外，"反客为主"可以与"假痴不癫""偷梁换柱"及"调虎离山"等计策合并运用。

📝 **总结：** 反客为主目的是打破原来的平衡，让自己的力量得到增强，而让对方的力量受到削弱。

夺取主动权、转不利为有利之计谋

53

下艮上巽 风山渐

渐（jiàn）

反客为主局势形成过程

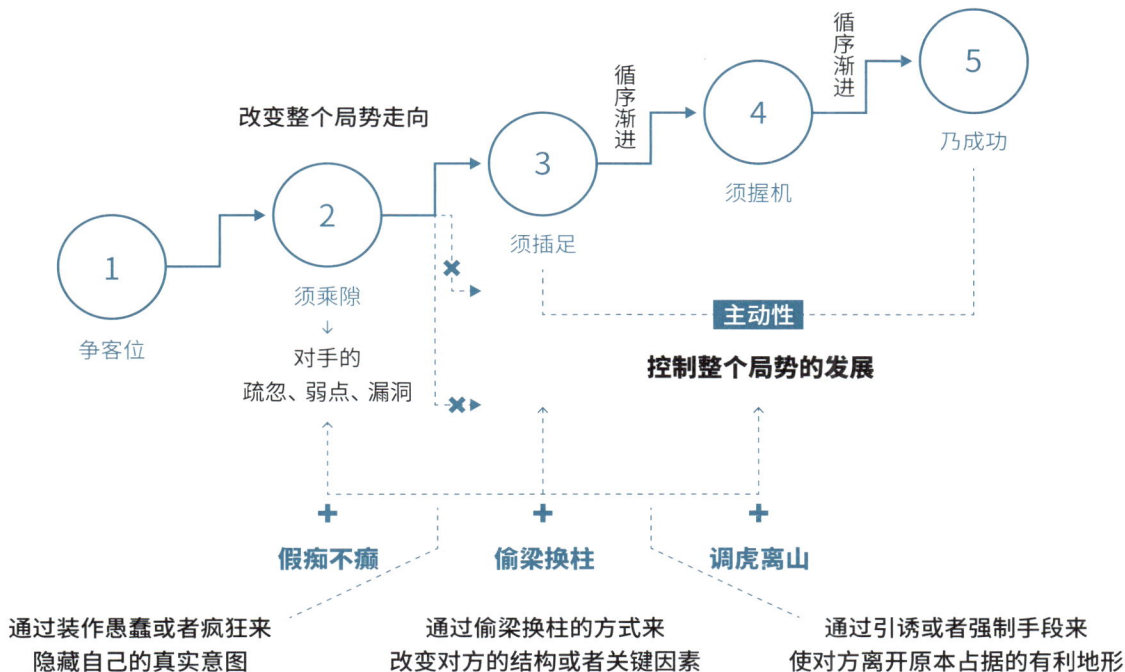

改变整个局势走向

1 争客位

2 须乘隙
↓
对手的
疏忽、弱点、漏洞

3 须插足

循序渐进

4 须握机

循序渐进

5 乃成功

主动性

控制整个局势的发展

+
假痴不癫

通过装作愚蠢或者疯狂来
隐藏自己的真实意图

+
偷梁换柱

通过偷梁换柱的方式来
改变对方的结构或者关键因素

+
调虎离山

通过引诱或者强制手段来
使对方离开原本占据的有利地形

如何规避"反客为主"之计？

"害人之心不可有，防人之心不可无。"面对纷繁复杂的环境，我们的生存之道就是：做人要藏心，做事要留心。

仔细观察和分析对方的行动和言辞，若发现对方有意制造假象或诱导我方做出错误的决策，就要及时采取措施，避免落入陷阱。

若对手实施"反客为主"之计，可以采取一些行动来转移对方的注意力，使其无法集中精力实施反客为主之计。

31. 美人计

【原文】 兵强者，攻其将；将智者，伐其情。将弱兵颓，其势自萎。利用御寇，顺相保也。

按语： 兵强将智，不可以敌，势必事之。事之以土地，以增其势，如六国之事秦，策之最下者也。事之以币帛，以增其富，如宋之事辽金，策之下者也。惟事之以美人，以佚其志，以弱其体，以增其下之怨。如勾践以西施重宝取悦夫差，乃可转败为胜。

【译文】 对于实力强大的对手，要攻其将帅；对于足智多谋的将帅，要设法动摇其斗志。待对手将领斗志衰退、兵卒斗志颓废时，其战斗力自然会萎缩。这是从《易经·渐》卦中悟出的道理，即利用此法来抵御对手，就可保存自己。

按语： 如果对手兵力强盛、将帅明智，不能与其为敌，应该事先考虑"和"。用土地来换取和平，以增强对方的实力，就像六国割地给秦国求和，这是下策。用金钱、绸缎来换取和平，以增强对方的财富，就像宋朝向辽、金送钱求和一样，是中策。只有用美人来换取对方的欢心，使他的意志松懈，削弱他的体力，加深他部下的怨恨，然后才可以转败为胜。就像越王勾践把西施和贵重的珍宝进献给吴王夫差，使他沉溺于声色犬马之中，失去了斗志，越国才有机会转败为胜。

【启示】 《易经·渐》卦中九三爻《象》曰："利用御寇，顺相保也。"意思是说利于抵御敌人，顺利地保卫自己。此计运用此道理，是说利用敌人自身的严重缺点，己方顺势以对，使其自颓自损，己方一举得之。"美人计"本质上是一种心理战术，旨在通过操纵和诱导对手，使其产生情感波动和欲望，从而削弱其战斗力和意志，最终达到战胜敌人的目的。其核心思想是利用美色和柔情等手段，使敌方人员沉醉于女色之中，丧失斗志和警惕性，从而达到自己的战略目标。《大明王朝1955》中严世蕃的学生、翰林院高翰文，一曲佳人《广陵散》就轻松入了沈一石的局。生活、工作中，要尊重个性，理解人人不同，各有千秋，但视角要全面一点，一定要提醒自己，避免简单化片面化。

总结： 世间万物各有其特点，因此才有万象、万万象，性有阴阳，其利在万万象，其害也在万万象。

53

上巽下艮 风山渐

渐 （jiàn）

利用人性中的弱点和欲望，以及心理上的攻防战术来达到自己目的之计谋

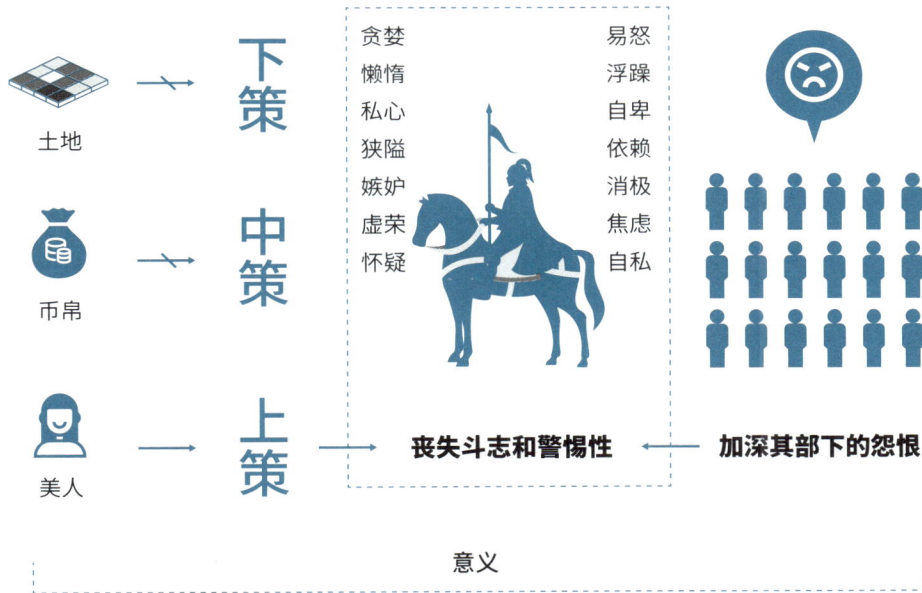

将强

己方 < 对方

情智

己方 < 对方

战斗力下降

土地 → 下策

币帛 → 中策

美人 → 上策

贪婪
懒惰
私心
狭隘
嫉妒
虚荣
怀疑

易怒
浮躁
自卑
依赖
消极
焦虑
自私

丧失斗志和警惕性 ← 加深其部下的怨恨

意义

手段——利用人性中的弱点和欲望，以及心理上的攻防战术

如何规避"美人计"？

以计解计，将计就计。若发现对手使用美人计，可以运用反间计，让其误以为我方已经上当受骗，从而使其放松警惕，暴露自己的弱点。

培养构建自己的全局思维、系统思维，以防止凡事以偏概全，面对各种人性本能上的诱惑，当时时刻刻反求诸己。

世间万物各有其性，因此这世间才有万象、万万象，此为人类文化和社会发展的基础。性有阴阳，其利在万万象，其害也在万万象。

32. 空城计

【原文】 虚者虚之，疑中生疑；刚柔之际，奇而复奇。

按语： 虚虚实实，兵无常势。虚而示虚，诸葛而后，不乏其人。如吐蕃陷瓜州，王君焕死，河西汹惧。以张守珪为瓜州刺史，领余众，方复筑州城。版幹裁立，敌又暴至。略无守御之具。城中相顾失色，莫有斗志。守珪曰："徒众我寡，又疮痍之后，不可以矢石相持，须以权道制之。"乃于城上置酒作乐，以会将士。敌疑城中有备，不敢攻而退。又如齐祖珽为北徐州刺史，至州，会有陈寇，百姓多反。珽不关城门。守陴者，皆令下城，静坐街巷，禁断行人，鸡犬不乱鸣吠。贼无所见闻，不测所以，或疑人走城空，不设警备。珽复令大叫，鼓噪聒天，贼大惊，顿时走散。

【译文】 兵力空虚就将防备空虚的样子展示给对手，使其疑惑中又生疑惑，战争中的虚实结合如《易经·解》卦中说的刚柔相济一样，会产生奇之又奇的功效。

按语： 用兵虚虚实实，没有固定的模式。故意显示空虚，自从诸葛亮以后，用此计者很多。如吐蕃攻陷瓜州，王君焕战死，河西一带百姓惊恐。此时朝廷任张守珪为瓜州刺史，率领残余部队，重新修筑州城。版筑刚立起来，敌人又突然到来，当时没有防御武器，城中人们面面相觑不知所措，没有战的勇气。守珪说："敌众我寡，又在我方创伤之后，不可以弓箭、滚石硬打，必须用奇计制服之。"就在城上设置酒宴奏乐，以招待将士。敌人怀疑城中设伏，不敢攻城而退走。另外北齐祖珽任徐州刺史，刚到就遇陈军侵入，百姓大多在造反。祖珽令不关城门，守城的士兵下城安静坐在街巷中，禁止行人通行。全城无声，鸡犬声不乱。陈军什么也看不见听不着，也不知所以然，因此怀疑人已撤离，只剩空城，没有警备。祖命令士兵大叫，鼓声震天，陈军大惊，顿时逃散。

【启示】 《易经·解》卦中初六爻《象》曰："刚柔之际，义无咎也。"从此计中悟到，阴阳刚柔和谐，相互感应帮衬，如此便没有灾难。此计运用此道理，是将用兵虚中有实，实中有虚，虚虚实实相互配合运用，千变万化，不固定。感兴趣的朋友可参考《孙子兵法·虚实篇》的相关内容。"空城计"本质上与"美人计"相同，都属于心理战，即通过虚实结合的策略来掩饰我方真实力量，同时让对手心生疑惑，从而不敢轻举妄动。生活、工作中，我们也可以运用这种心理战术来达到自己的目的。例如，在商业谈判中，我们可以运用虚实结合的策略让对方感到我们的优势和实力，从而增加谈判的筹码。另外我们还应注意，学会隐藏自己的底牌，不要轻易暴露自己的弱点和意图，以避免被他人抓住把柄。

总结： 此计仅是暂时的策略或手段，不是最终目的。因此小心对手卷土重来，给你一记"回马枪"。

40

下坎上震 雷水解

解（xiè）

用虚实结合让对手疑且不敢攻，从而化险为夷之计谋

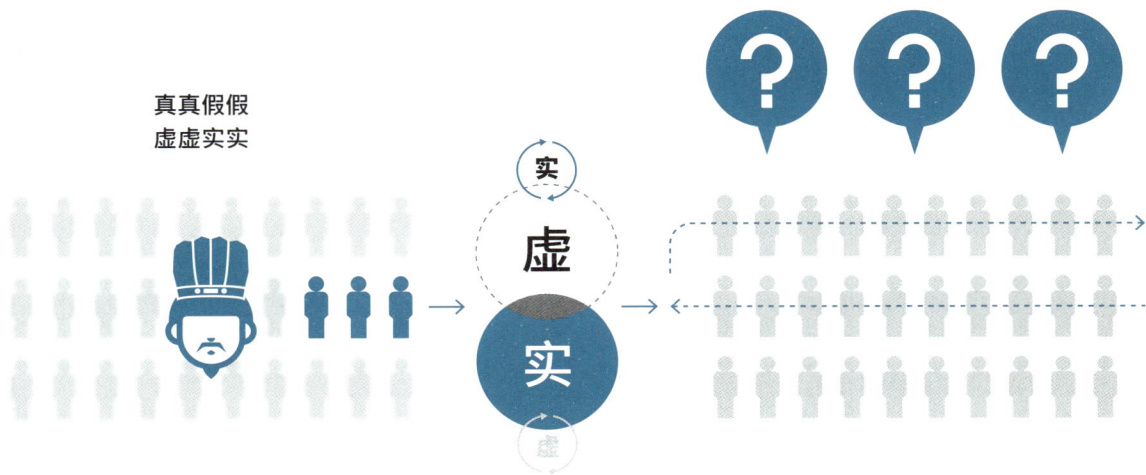

真真假假
虚虚实实

实

虚

实

虚

? ? ?

"空城计"的思维路径

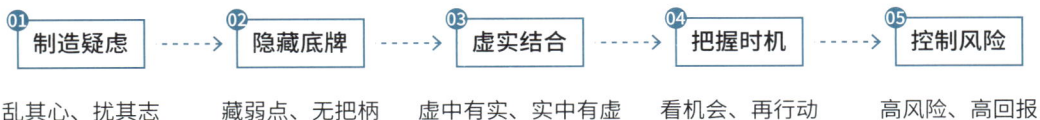

01 制造疑虑	02 隐藏底牌	03 虚实结合	04 把握时机	05 控制风险
乱其心、扰其志	藏弱点、无把柄	虚中有实、实中有虚	看机会、再行动	高风险、高回报

如何规避"空城计"？

此计重在隐藏自己的实力和意图，使对手无法了解真实的状况。生活中，不要轻易暴露自己的弱点和意图，防人之心不可无。

假设风险存在，并对所假设的风险接受度进行评估，在能接受的情况下，去实施行动，不可盲目冲动做出决策。

事出反常必有妖，小心妖中还有妖，这样的心理必然会左右你的分析与判断，因此一定要做好情报收集工作，亦可结合反间计。

33. 反间计

【原文】 疑中之疑。比之自内，不自失也。

按语： 间者，使敌自相疑忌也；反间者，因敌之间而间之也。如燕昭王薨，惠王自为太子时，不快于乐毅。田单乃纵反间曰："乐毅与燕王有隙，畏诛，欲连兵王齐，齐人未附。故且缓攻即墨，以待其事。齐人唯恐他将来，即墨残矣。"惠王闻之，即使骑劫代将，毅遂奔赵。又如周瑜利用曹操间谍，以间其将；陈平以金纵反间于楚军，间范增，楚王疑而去之，亦疑中之疑之局也。

【译文】 疑中再布设一层疑阵，这是从《易经·比》卦中悟出的道理，即将对手的"间"为我所用，这样就不会因为有内奸而遭受损失。

按语： 用间者，是用来使敌人内部互相猜疑、忌恨的；反间者，则是利用敌方派来的间谍去离间敌人的计谋。例如燕昭王死后，其子惠王在做太子时，就对乐毅很不满意。田单就故意用反间计，散布谣言说："乐毅和燕王有隔阂，他害怕惠王即位后杀他，所以想联合齐国，进攻燕国。但齐国对乐毅并不信任，因此他暂时放缓了对即墨的进攻，等待惠王即位。齐国担心的是燕王派别的大将来打，那样即墨城早就被打下来了。"惠王听信，便派骑劫代替乐毅为将，乐毅只好逃到赵国。又如周瑜利用曹操的间谍，离间曹操的将领；陈平用金子收买楚军的间谍，离间范增，导致楚王不再信任范增并让他离开了军队。这些都是反间计的应用。

【启示】 《易经·比》卦六二爻辞曰："比之自内，贞吉。"《象》曰：比之自内，不自失也。意思是说利用对手派来的"间谍"帮我传达信息，服务于我，是没有损失的。《孙子兵法·用间篇》中讲："故用间有五：有因间、有内间、有反间、有死间、有生间。五间俱起，莫知其道，是谓神纪，人君之宝也。"其中反间很重要，"反间"是利用敌国的间谍为"间"，即收买敌方间谍为我所用。反间也藏得最深、知道得最多。"反间计"有两重意思：一则通过收买、利诱对方间谍，诱使敌方内部产生矛盾纷争，制造疑虑惑乱敌方军心，从而达到瓦解敌方军队的目的；二则通过提供虚假信息或误导性情报，来误导对手做出错误的决策和行动。"反间计"是种多变且灵活的策略，需要因势利导、随机应变，当然也需要你有高超的智慧才能玩得转。

📝 **总结：** 谋事静则不挠，无声无息，闷声做事，让人猜不透你在想什么，猜不透你接下来要做什么。

藏得最深，知道最多的超级烧脑之计谋

08

下坤上坎 水地比

比（bǐ）

反间计
- 收买对方间谍 ----> 💰 ----> 直接获取或制造混乱与矛盾
- 假装没有发觉 ----> 🚫 ----> 提供虚假信息或误导性情报

攻心为上	信息操控	诱导欺骗	制造矛盾
反间计是一种以心理战为主要手段的策略，通过让敌方间谍或反间谍产生混乱、怀疑、恐惧等心理反应，使其为我方所用，或者使敌方内部产生矛盾和分裂。	反间计常常涉及信息的操控和欺骗。通过传递虚假信息或者误导性的情报，使敌方间谍或反间谍产生错误的判断和行动，从而为我方创造机会或在敌方制造混乱。	反间计常常需要通过诱导或欺骗来达到目的。这可能涉及利用各种手段，如奖励、威胁、利诱、欺骗等，来吸引敌方间谍或反间谍上钩，使其为我方所用。	反间计常常通过制造敌方内部的矛盾和分裂来实现目标。这可能涉及利用各种手段，如离间、挑拨、煽动等，使敌方内部产生不和或分裂，从而为我方创造机会或在敌方制造混乱。

如何规避"反间计"？

用兵有虚虚实实，用间也是虚虚实实、真真假假。疑中之疑，疑中还有疑，不仅仅要有足够的脑细胞，还得耐得住考验。

以计解计，将计就计，避免直接对抗，采取以逸待劳的策略，保持内部团结稳定，让对方无从下手，增加对方破坏的难度。

用系统思维看对手的决策，通过分析其中的利益关系，避免被对方的计谋所迷惑，冷静和理智对待，以便做出正确的判断和决策。

34. 苦肉计

人不自害，受害必真。假真真假，间以得行。童蒙之吉，顺以巽也。

按语：间者，使敌人相疑也；反间者，因敌人之疑，而实其疑也；苦肉计者，盖假作自间以间人也。凡遣与己有隙者以诱敌人，约为响应，或约为共力者，皆苦肉计之类也。如郑武公伐胡而先以女妻胡君，并戮关其思；韩信下齐而郦生遭烹。

【译文】

人不会自己伤害自己，如果受了伤害必然会被认定为是他人所为；将真作假，将假作真，使敌人深信不疑，离间计就可以实行了。这是从《易经·蒙》卦中悟出的道理，即用此计像对待天真的孩子一样对待对手，就能顺着对手的弱点达到自己的目的。

按语：离间，是用来使敌人内部互相猜疑的；反间，是利用敌人内部的猜疑，将计就计，加深他们之间的互相猜疑；苦肉计，是假装自己内部有矛盾，用来离间敌人。大凡派遣与自己有矛盾的人去诱使敌人中计，约定协作行动，或者约定里应外合的，都属于苦肉计一类。例如：郑武公伐胡国，先嫁给胡君女儿，并杀掉提出异议的大臣关其思；韩信攻打齐国，最终导致郦食其惨遭烹杀。

【启示】

《易经·蒙》卦六五爻《象》曰："童蒙之吉，顺以巽也。"意思是说幼稚蒙昧的人吉利，是因其柔顺。"苦肉计"用《蒙》卦之象理，意即顺着对手的弱点而达到自己的目的。该计谋的本质是利用"常理"换取对方信任，人们通常不会主动伤害自己，这是因为自我保护是人的本能之一。人类在进化过程中，逐渐形成了保护自己、避免受伤的机制。这种机制让人们在面对危险或潜在的伤害时，会自动采取措施来保护自己，比如避免接触有害物质、远离危险场所等。一旦违背"常理"，便增加了让对方信任的筹码。要注意的是这种行为属于极端行为，要谨慎使用。除此之外，一般本能因素还有恐惧、炫耀、偏见等常理。在实施苦肉计时，需要考虑前提条件，如对方的性格、文化背景、环境因素等，从而制定出更加精准和有效的策略。

总结： 思危、思退、思变可以作为通用思考法，从而帮助人们更好地理解问题和解决问题。

利用违背本能来骗取对手信任，从而达成目标之计谋。

04

下坎上艮 山水蒙

蒙（méng）

人不自害（手段） → 欺骗对手（目的）

离间 --目的--> 互相猜疑

反间 --目的--> 疑上生疑

假装内斗或伤害自己（手段） → 信以为真（目的） → 互相猜疑（目的）

利用常理、固有习惯、违背本能（伤害自己）等手段，通过牺牲自我（哭诉、卖惨、可怜等）来迷惑对手。
结果往往导致对方得出与事物的本质相反的结论。

如何规避"苦肉计"？

生活、工作中，当遇到本能常理类问题，不妨三思，不要被对方的自我伤害或表演所迷惑和影响，保持情感上的冷静与理智。

要识别对手的苦肉计陷阱，了解其意图和目的，分析其中的利益关系。如果发现对手在使用苦肉计，要及时揭露并制止。以计解计，我们可以采取反向策略，即让对方相信我们也是使用苦肉计，从而迷惑对方，使其无法判断我们的真实意图。

35. 连环计

【原文】 将多兵众，不可以敌，使其自累，以杀其势。在师中吉，承天宠也。

按语：庞统使曹操战舰勾连，而后纵火焚之，使不得脱。则连环计者，其结在使敌自累，而后图之。盖一计累敌，一计攻敌，两计扣用，以摧强势也。如宋毕再遇尝引敌与战，且前且却，至于数四。视日已晚，乃以香料煮黑豆，布地上。复前搏战，佯败走。敌乘胜追逐。其马已饥，闻豆香，乃就食，鞭之不前。遇率师反攻，遂大胜。皆连环之计也。

【译文】 对手兵势强大，不可以与其硬拼，应设法使他们自相牵制，以削弱其势力。这是从《易经·师》卦中悟出的道理，即将帅用兵得法，指挥巧妙得当，就像得到神明的相助。

按语：庞统让曹操将战船连在一起，而后纵火焚烧，使其不能逃脱。所谓连环计，其关键在于使敌人自相牵制，而后攻打他们。前一计谋使敌人互相牵制，后一计谋使敌人受到攻击，两种计谋交替使用，可摧毁强大的敌人。如宋将毕再遇曾经引诱敌人前来作战，一会儿前进一会儿后退，这样反复多次。等到了太阳下山的时候，就把香料煮的黑豆洒在地上。又重新前去搏斗，然后假装失败逃走。敌人乘胜追击。他们的马已经饿了，闻到豆香，就吃起来，抽打它们也不肯往前走了。毕再遇率领军队反攻，于是大获全胜，这就是"连环计"的妙用。

【启示】 《易经·师》卦九二爻《象》曰："在师中吉，承天宠也"意思是说，将帅只要守正道就吉，就会受到上天的眷顾。"连环计"用此象理，是强调将帅用计，当环环相扣、计计相连。《兵经》曰："大凡用计者，非一计之可孤行，必有数计以襄之也。以数计襄一计，由千百计炼数计，数计熟则法法生。"即是说凡用计者，不是一条计谋孤立地使用，必定要有多个计谋相互配合使用。用多个计谋配合一个计谋，由千百条计谋提炼更多的计谋，熟练之后，计谋就会层出不穷了。其本质是通过运用多个计谋（一计耗敌，一计攻敌），使对手自相牵制，陷入困境，无法自拔，达到我方胜利之目的。在面对问题和困难时，我们应该采取策略性的思考方式，制定出多步骤或多环节的解决方案，以达到最终的目标。这种思考方式能够帮助我们在面对复杂的问题时，更加全面地分析情况，找到最佳的解决方案。

📝 **总结：**前文讲过三十六计是"计与计"的组合，是"因地、因时、因人、因事而制宜"的动态式组合。

多计并用，计计相连之计谋

07

下坎上坤 地水师

师（shī）

累敌

使敌人自相牵制，削弱其战斗力

使其力量分散：通过策略性的行动或虚张声势等手段，使敌人的兵力分散，无法集中优势兵力进行攻击。

使其产生内部矛盾：通过离间、策反等手段，使敌人的内部产生矛盾或不和，使其无法形成有效的战斗力。

使其陷入困境：通过诱敌深入、围城打援等手段，使敌陷入预设战场或陷阱，无法自由行动或发挥其原有优势。

使其失去民心：通过破坏敌人的形象、散布谣言等手段，使敌人在群众中的形象受损，失去民心和支持。

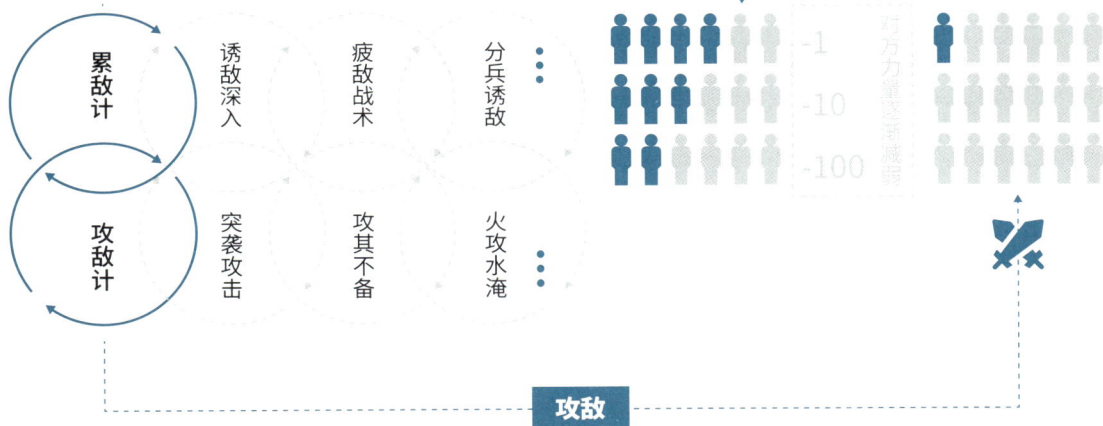

累敌计

诱敌深入　疲敌战术　分兵诱敌 …

攻敌计

突袭攻击　攻其不备　火攻水淹 …

-1
-10
-100

攻敌

为我方创造有利的条件，并取得胜利。

如何规避"连环计"？

以计解计，用反间计来破坏对手的计划。如利用其内部的矛盾，制造假象或传递虚假信息，使其自相猜疑或产生内讧。

若遇此计，要对对手的连环计尽可能地去拆解，分析每一个环节的关联和影响，并且找出其中的关键点和破绽。

及时止损，生活、工作中，当发现自己在消耗自己，或内部产生内耗时，应当及时止损，以此规避不必要的风险。

36. 走为上

【原文】 全师避敌。左次无咎，未失常也。

按语： 敌势全胜，我不能战，则必降、必和、必走。降则全败，和则半败，走则未败。未败者，胜之转机也。如宋毕再遇与金人对垒，度金兵至者日众，难与争锋。一夕拔营去，留旗帜于营，豫缚生羊悬之，置其前二足于鼓上，羊不堪倒悬，则足击鼓有声，金人不觉为空营。相持数日，乃觉，欲追之，则已远矣。可谓善走者矣！

【译文】 全军退避强敌。这是从《易经·师》卦中悟出的道理，这种有计划、有目的的退却没有错，不违背正常的用兵原则。

按语： 若敌人实力占优，我方不能与其硬拼，应采取投降、求和或者撤退三条谋略。若选择投降，则为完全失败；若选择求和，则是失败了一半；若选择撤退，则我方没有失败。没败，就有转败为胜的可能。例如，宋朝的毕再遇和金军对峙时，考虑到金军实力强大，且援兵日益增多，难以与之抗衡。于是晚上拔营离去，只留下旗帜在营地中，把活羊捆吊起来，并将羊的前腿放在鼓上。羊无法忍受被悬挂的状态，就会用脚击鼓发出声音。金国军队没有察觉到这是座空营，相持了几天后才察觉到，想追击宋军时，宋军已经走远了。

【启示】 《易经·师》卦中《象》曰："左次无咎，未失常也。"其强调的是审时度势，意思是说该退的时候要退，这样才没有危险，也没有因为退而违背行军常道。军事家常说："打得赢就打，打不赢就走。"《孙子兵法·谋攻篇》讲："少则能逃之，不若则能避之。"一个"逃"字，一个"避"字，这都需要审时度势地做出"逃"与"避"的决策，而非逃跑。为什么不是逃跑呢？按语中给了答案，生活、工作中我们也要注意，当遇到强大的对手时，不要硬打，不要死心眼。三个方案：一则投降认输，一旦投降，就是彻底失败了；二则求和，求和不算彻底失败，算失败了一半；三则是上文中讲到的"逃"与"避"，"逃"与"避"是撤退，撤退不算输，为什么？因为你还有翻盘的机会。这里还要强调一点，这里所讲的撤退，非消极撤退，而当是审时度势地走，是随机应变地走，是以退为进地走，是积极地走。

📝 **总结：** 撤退并不意味着失败或放弃，而是基于对整个局势的全面分析和判断，做出的"主动选择"。

07

坤上坎下 地水师

师（shī）

一个以退为进，通过撤退来保存实力、调整战术、诱敌深入后转败为胜之计谋

100%
失败

投降

50%
失败

求和

0%=100%
失败　　实力保存

走为上策　没有失败

撤退

✔ → **主动选择**

在全局视角下，撤退并不意味着失败或放弃，而是为了更好地保存实力、调整战术、变换环境等，以达到最终的胜利。

敌我双方实力的对比	战争局势的判断	战术灵活性的要求	时间和空间的重要性
做决策前，需要对敌我双方的实力进行全面的分析和对比。了解对手的优劣势，以及我方的优劣势，以便更好地制定战略和战术。	在战争中，局势是不断变化的。"走为上"要求对战争局势进行全面的观察和分析，了解敌人的意图和行动，以及我方的应对计策和应对能力。	该计要求在战争中采取灵活机动的战略战术，根据实际情况做出主动调整。这种灵活性可以让我方更好地适应战争中的变化，从而取得胜利。	在战争中，时间和空间是胜负的关键因素。"走为上"要求在时间和空间上做出巧妙的安排，以取得最佳的战斗效果。

三十六计之"走为上计"的三个视角

避实击虚：在面对竞争时，你可以不必正面迎击对手的强项，而是寻找对手的劣势或弱点，从"以弱对强"转化为"以强对弱"。

全局思维：生活工作中，你在做决策时，需要具备全局思考的能力，从长远的角度规划自己的发展，如此才可以做到"能屈能伸"。

知彼知己：在生活工作中，我们需要充分了解自己和对手的情况，才能制定出合适的策略，才知道什么该做，什么不该做。

第一计　瞒天过海

　　计名出自《永乐大典·薛仁贵征辽事略》，该计谋产生的典故是薛仁贵出征高丽，唐太宗御驾亲征，因为要过海，而唐太宗对大海有恐惧不安的心态，于是薛仁贵用了大船，将周围都用彩帐遮围起来，带唐太宗前往这座华美的"房子"，唐太宗以为还在陆地上，没想到早已到了海上。瞒天过海，瞒的是天子，使之在不知不觉中渡过大海。很多历史典故都用到瞒天过海之计，如勾践卧薪尝胆灭吴，即以伪装和假象来使对方产生错觉，从而达到获胜目的。

第二计　围魏救赵

　　计名出自《史记·孙子吴起列传》，讲战国时齐国与魏国的桂陵之战。魏国围攻赵国都城邯郸，赵国向盟国齐国求救。齐威王派田忌率兵救赵国。田忌用军师孙膑的计谋，趁魏国精锐部队在赵，国内空虚，引兵攻袭魏都大梁（今河南开封），在魏军从邯郸撤退回救时，趁其疲惫，大败魏军于桂陵（今山东菏泽东北），赵国之围遂解。这次战役又称桂陵之战。后以"围魏救赵"指袭击敌人的后方以迫使进攻之敌撤退的战术。

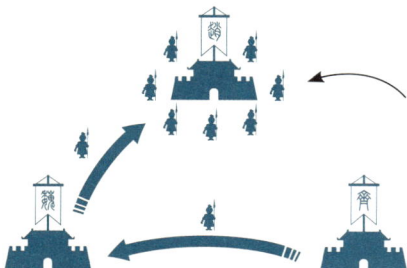

第三计　借刀杀人

　　计名出自明代戏剧《三祝记》，主要讲述了北宋时期，范仲淹的政敌密谋计划让毫无作战经验的范仲淹领兵征讨西夏，目的就是借兵强马壮的西夏军队这把锋利的"刀"来铲除范仲淹。运用在军事上的谋略，就是为了保存己方实力，巧妙地利用矛盾间接打败敌人。

第四计　以逸待劳

　　计名出自《孙子兵法·军争篇》："以治待乱，以静待哗，此治心者也。以近待远，以佚待劳，以饱待饥，此治力者也。"大意为：用自己的严整等待敌人的混乱，用自己的镇静等待敌人的急躁喧哗，这是掌握并运用军心的方法。我方先到战场，等敌人远道而来；自己安逸休整，等敌人疲劳奔走；自己吃饱，等敌人挨饿，这是掌握了保持战斗力的方法。所以，不直接攻击士气旺盛、阵容严整的敌人，而是审时度势，后发制人，以柔克刚来打击敌人。

第五计　趁火打劫

　　计名最早出自吴承恩的章回体小说《西游记》第十六回"观音院僧谋宝贝，黑风山怪窃袈裟"。原文中，在观音院大火蔓延时，黑风怪"正是财动人心，他也不救火，他也不叫水，拿着那袈裟，趁哄打劫，拽回云步，经转山洞而去"。《孙子兵法·计篇》云"乱而取之"，同样讲的此计，它用在军事上，就是当敌方身处困境的时候，就要趁机进兵出击，将敌人制服。

第六计　声东击西

　　计名出自《淮南子·兵略训》："将欲西而示之以东。""声东击西"指造成要攻打东边的声势，实际上却攻打西边，这是一种制造假象诱使敌人上当进而出奇制胜的计谋。古代兵书中对其论述有很多，例如，《孙子兵法·势篇》说："故善动敌者，形之，敌必从之。"

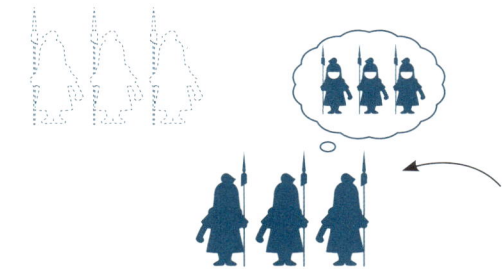

第七计　无中生有

　　计名出自《道德经》第四十章："天下万物生于有，有生于无。"此计本是道家术语，指万物来源于"无"，后来引申为将虚构编撰、凭空捏造的事情说成确有其事。在军事上是指用一种真假莫辨、虚实结合的手法，用假象迷惑敌人，使敌人判断失误而行动错误。

第八计　暗度陈仓

　　计名出自西汉司马迁《史记·淮阴侯列传》中的"明修栈道，暗度陈仓"，是汉大将军韩信用过的一个计谋，也是古代战争史的著名案例。楚汉用兵，汉王刘邦率军南下汉中，把途经的栈道都烧掉了，以示不再回军北上与项羽相争。不久又表面上要重修栈道，暗地里却出兵偷袭攻占了楚军据点陈仓（今陕西宝鸡东），回到关中咸阳。

第九计　隔岸观火

　　计名出自唐代僧人乾康的诗句："隔岸红尘忙似火，当轩青嶂冷如冰。"本义是指在河的这边，看对岸失火，意为采取置身事外、袖手旁观的态度。军事上来讲是要敌方趁混乱之际，静观其变，顺势取利。

第十计　笑里藏刀

　　计名可追溯到唐代诗人白居易的《劝酒》："且灭嗔中火，休磨笑里刀。不如来饮酒，稳卧醉陶陶。"该成语后出自《旧唐书·李义府传》："义府貌状温恭，与人语必嬉怡微笑，而褊忌阴贼。既处权要，欲人附己，微忤意者，辄加倾陷。故时人言义府笑中有刀。"原意是表面谦和而内心狠毒，用在军事上是一种伪装谋略，通过麻痹对方而掩盖己方意图的行动。

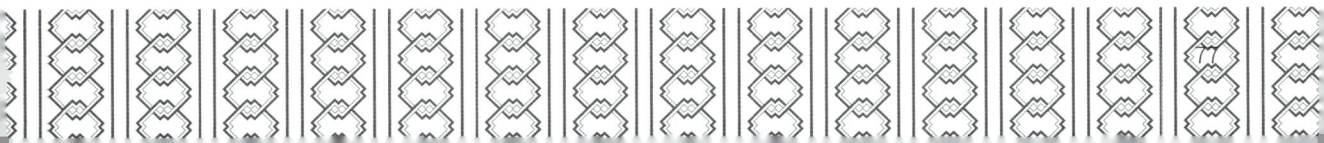

第十一计　李代桃僵

计名出自《乐府诗集·鸡鸣篇》："桃生露井上，李树生桃旁，虫来啮桃根，李树代桃僵，树木身相代，兄弟还相忘？"原指李树代替桃树受虫蛀，后来用"李代桃僵"比喻以此代彼或代人受过。在军事谋略上是指在双方势均力敌，或者敌强我弱的情况下，用较小的代价去换取更大的胜利，类似象棋对弈中"弃车保帅"的战术。

第十二计　顺手牵羊

计名出自《礼记·曲礼上》："效马效羊者右牵之。"本是指顺手把别人的羊牵走，形容在实现主要目的的过程中，伺机取得意外收获。在军事上是指利用敌方的间隙和薄弱之处，趁势加强己方或取胜。

第十三计　打草惊蛇

计名出自宋代郑文宝《南唐近事》："王鲁为当涂宰，颇以资产为务，会部民连状诉主簿贪贿于县尹。鲁乃判曰：'汝虽打草，吾已惊蛇。'"原指惩罚了甲而使乙有所警觉。后来军事上是指己方行动不够机密，而使对方有所警觉，并提前采取对策。另一层含义指在敌情不明的情况下，应将可疑之处反复调查清晰再行动，防止落入敌人的陷阱中。

第十四计　借尸还魂

计名源于"八仙"之一的铁拐李得道成仙的民间传说。相传铁拐李原名李玄，拜太上老君为师来修道。他将其魂魄离开躯体，飘飘然游于三山五岳之间。临行前，他嘱咐徒弟看护好自己的肉体，但李玄魂魄多日未归。后来徒弟们等待久了，误以为他已死去，就将其火化了。待李玄神游归来时，躯体不见，魂魄无所归依。恰好当时路旁有一刚死的乞丐，尸体可借用，李玄于慌忙之中将自己的灵魂附于其上。借尸还魂比喻指已经没落或死亡的事物，又假借某种形式重新出现或复活。在军事上是指善于利用一切有利条件，争取主动，壮大自己，来扭转局势，实现胜利。

第十五计　调虎离山

计名源于《管子·形势篇》："虎豹，兽之猛者也，居深林广泽之中则人畏其威而载之。人主，天下之有势者也，深居则人畏其势。故虎豹去其幽而近于人，则人得之而易其威。人主去其门而迫于民，则民轻之而傲其势。故曰：'虎豹托幽而威可载也。'"可概括为老虎或者君王，都是威猛而得势的代表，因为离群索居、高高在上而令人畏惧，如他们离开原先的有利的环境，接近大众人群，就会失去原有的威风。同时也包含了只有将老虎调离深山，才能将其制服的意思。明代许仲琳《封神演义》第八十八回："子牙公须是亲自用调虎离山计，一战成功。"在军事上是指有目的地调动敌人并将其消灭的谋略。

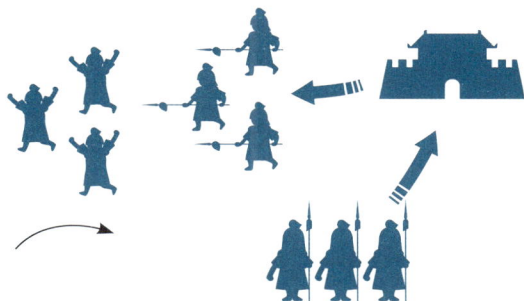

第十六计　欲擒故纵

计名最早见于《道德经》第三十六章："将欲歙之，必固张之；将欲弱之，必固强之；将欲废之，必固兴之，将欲夺之，必固与之。"核心含义是指为了捉住敌人，就要事先放纵敌人，放长线，钓大鱼，最终达到目的。这体现了老子的辩证思想，后世在此基础上多有运用，《鬼谷子·谋篇》中也说："去之者纵之，纵之者乘之。"

第十七计　抛砖引玉

计名出自北宋释道原《景德传灯录》："时有一僧便出，礼拜，师曰：'比来抛砖引玉，却引得个墼子（墼指的是没有烧的砖坯）。'"比喻用自己不成熟的意见或作品引出别人更成熟、更高明的意见或作品。"砖"和"玉"都是形象的比喻，用在军事上，是指用相类似的东西去迷惑、诱骗敌方，使其落入我方的布局之中，再伺机击败敌方。

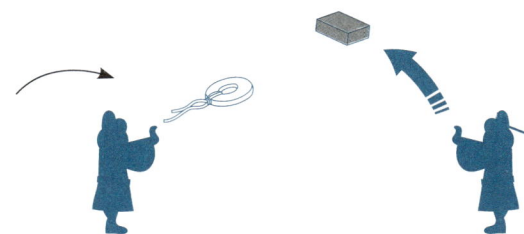

第十八计　擒贼擒王

计名出自唐代诗人杜甫的《前出塞》："挽弓当挽强，用箭当用长。射人先射马，擒贼先擒王。"原指捉坏人先要捉住其头领，做事要抓住重点要害，用在军事上是指首先歼灭敌军主力或擒拿敌军首领，借此动摇敌军斗志，扰乱阵脚，从而有效瓦解敌人。

第十九计　釜底抽薪

计名出自北齐魏收的《为侯景叛移梁朝文》："抽薪止沸，剪草除根。"要使锅中的水沸腾，在锅底生火并加柴草即可。若不想让水沸腾，可以加进一些凉水，也可以抽掉锅底的柴草，即釜底抽薪。如果扬汤止沸，水一时凉了，很快又会再沸，没有从根本上止沸。因为水靠火沸，火要薪生，釜底抽薪是从根本上消除了水沸的基础或依靠物，比喻从根本上解决问题。用在军事上是指面对强敌不可正面作战，避其锋芒，可切断敌人的供给来源，从根本上动摇敌人的军心，使其成为"无源之水，无木之本"，不攻自破。

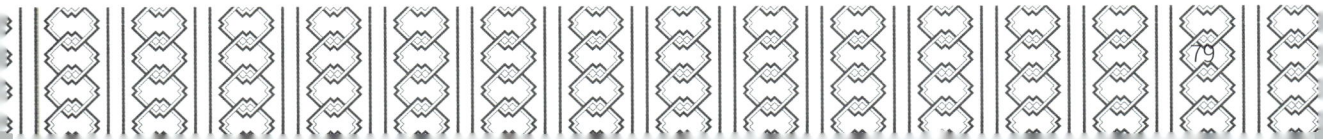

第二十计　浑水摸鱼

计名出自《三国志·蜀志·先主传》。东汉末年，刘备起兵镇压黄巾起义，并参与各大诸侯间的混战，后来在诸葛亮的辅助下，逐渐壮大势力。赤壁之战后夺荆州，取西川，运用了浑水摸鱼之计。其原意指在浑浊的水中，趁着鱼看不清方向，下手摸鱼，可得到意外的收获。后来演变为利用对手混乱迷惘、软弱无主见之机从中渔利的谋略。引申到军事上，是指趁敌方混乱无主时借机行事，使敌人顺我之意，是一种乱中获胜的计谋。

第二十一计　金蝉脱壳

计名出自《元曲选·朱砂担》第一折："兄弟，与你一搭儿买卖呀，他倒做个金蝉脱壳计去了也。"本义指蝉脱去外壳，蜕变而走，比喻制造或利用假象脱身，使对方不能及时发觉。用在军事上是指留下虚假的表象来迷惑敌人，自己则暗中脱身，以实现脱离险境或转移撤退的策略。

第二十二计　关门捉贼

计名出自《三十六计·秘本兵法》中："捉贼而必关门，非恐其逸也，恐其逸而为他人所得也。且逸者不可复追，恐其诱也。"重点是说捉贼的关键是要关好门。在军事实践中，与兵家常用的围歼战用法相近。著名案例有战国时代齐魏之间的马陵道之战、秦赵长平之战、汉楚垓下之战等。

第二十三计　远交近攻

计名出自《战国策·秦策三》："王不如远交而近攻，得寸则王之寸，得尺亦王之尺也。"这是秦国吞并六国，统一中国的外交策略。可以孤立邻国，也可以使邻国两面受敌，范睢正是用了这一计谋灭六国而兴秦国。

远　近

第二十四计　假道伐虢

计名出自《左传·僖公五年》："晋侯复假道于虞以伐虢。"讲的是春秋时期，晋国想吞并邻近两个彼此关系不错的小国：虞国和虢国。晋献公献上心爱宝物给虞国国君，并离间这两个小国，于是虞国借道让晋国伐虢，晋军取得胜利后将掠夺财产分给虞公。虞公因贪小利，又同意了班师回国的晋军部队暂时驻扎在虞国京城附近，而后晋献公率大军前去虞国，并将虞公约出去打猎，待虞公发现京城起火时，京城已被晋军里应外合抢占攻陷，于是晋军轻易地灭了虞国。这是一种以借路渗透、扩张军事力量，从而不战而胜的谋略。

第二十五计　偷梁换柱

计名与"偷天换日""偷龙换凤""调包计"意思相同，在军事上是指联合对敌作战时，反复变动友军阵线，借以调换其兵力，等待友军有机可乘时，将其全部控制。秦始皇南巡时知道自己大限将至，要李斯传达密诏，立扶苏为太子。但李斯经过赵高的利诱与挑唆，与秦始皇幼子胡亥、赵高勾结，篡改遗诏，将胡亥扶为秦二世，这就是典型的偷梁换柱计谋。

第二十六计　指桑骂槐

计名为一个成语，后来比喻为借题发挥，指东说西。作为一计，语见于《金瓶梅词话》六十二回："他每日那边指桑树骂槐树，百般称快；俺娘这屋里分明听见，有个不恼的？"用在军事上是一种间接规训部下，使其听从指挥的谋略，也可引申为运用政治和外交谋略，向对手施加舆论压力以配合己方的军事行动。

第二十七计　假痴不癫

此计原指假装痴呆，掩人耳目，其实另有所图。它是从民间俗语"装疯卖傻""装聋作哑"等演变而来。传说中的箕子佯狂，从而保全性命就是运用此计的一个典型。司马懿之假病昏以诛曹爽，受巾帼假请命以老蜀兵，所以成功；姜维九伐中原，明知不可为而妄为之，则似痴矣，所以破灭。在军事上有两种用法：一是用于兵变，将它主要作为一种计谋，麻痹对手，以便自己积蓄力量，等待时机发起攻击。二是作为一种愚兵之计。

第二十八计　上屋抽梯

此计来源于一个典故：东汉末年益州牧刘表偏爱小儿子刘琮，刘琮的母亲害怕长子刘琦得势，未来会威胁到刘琮的地位而忌恨刘琦，刘琦感到自己危险，于是引诱诸葛亮"上屋"，是为了求他指点，"抽梯"，是断其后路。诸葛亮无奈并为他献上计谋。此计用在军事上，是指利用小利引诱敌人，然后截断敌人援兵，以便将敌围歼的谋略，是一种诱逼计。

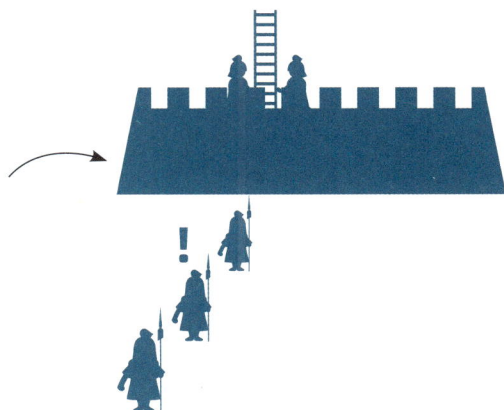

第二十九计　树上开花

计名是由"铁树开花"一词变化而来。《碧岩录》上说："休去歇去，铁树开花。"另见于王济的《君子堂日询手镜》："吴浙间尝有俗谚云，见事难成，则云铁树开花。"原意为不可能开花的树竟然开起花来了，比喻极难实现的事情。树本无花，经过精心伪装，看上去就有花了。在军事上是指通过伪装，制造声势以慑服敌人的一种计谋。

第三十计　反客为主

此计出自宋代曾慥《类说》三九："因粮于敌，是变客为主也。"后见于明代罗贯中《三国演义》第七十一回："拔寨前进，步步为营，诱渊来战而擒之：此乃反客为主之法。"后来泛指在一定场合下，采取主动措施，以声势压倒对手，主动掌控局面。或者指改变事物的次要性地位，使之成为主要的事物。

第三十一计　美人计

此计最早出自《韩非子·内储说下》，春秋时期，晋献公想要讨伐虢国，虞国是必经之地。晋大夫荀息向晋献公建议：将良马、美玉和美女献给虞公，以此迷惑其心智，扰乱其朝政。虞君果然中计，借道给晋国军队，埋下灭国之祸。先秦兵书《六韬·文伐》中也说："养其乱臣以迷之，进美女淫声以惑之。"如果用军事手段难以征服敌方，要善于从思想意识上击溃对方的将帅，使其内部丧失战斗力。

第三十二计　空城计

此计出自明代罗贯中的《三国演义》第九十五回："'如魏兵到时，不可擅动，吾自有计。'孔明乃披鹤氅，戴纶巾，手摇羽扇，引二小童携琴一张，于城上敌楼前，凭栏而坐，焚香操琴。"诸葛亮使用空城计解围，智退司马懿，是充分了解司马懿谨慎多疑的性格特点，才敢出此险策。后来泛指在危急处境下，掩饰空虚，骗过对方的高明策略。

第三十三计　反间计

此计原指敌人的间谍为我所用，使敌人获取假情报而有利于我的计谋，后来泛指用计谋离间敌人引起内讧。《孙子兵法》就特别强调间谍的作用，认为将帅打仗必须事先了解敌情，不可靠鬼神，不可靠经验，"必取于人，知敌之情者也"。这里的"人"，就是间谍。唐代杜牧解释反间计说："敌有间来窥我，我必先知之，或厚赂诱之，反为我用；或佯为不觉，示以伪情而纵之，则敌人之间，反为我用也。"

第三十四计　苦肉计

此计出自元代关汉卿《单刀会》第一折："亏杀那苦肉计黄盖添粮草。"《三国演义》中"周瑜打黄盖，一个愿打，一个愿挨"，这是人尽皆知的苦肉计。两人事先商量好了，假戏真做，自家人打自家人，骗过曹操，诈降成功，火烧了曹操八十三万兵马。因而它是指故意毁伤身体以骗取对方信任，从而进行反间的计谋。运用此计，"自害"是真，"他害"是假，以真乱假。

第三十五计　连环计

计名源于元杂剧名，汉末董卓专权，王允设计先将美女貂蝉嫁给吕布，然后又献给董卓，以离间董吕二人的关系，致使吕布杀死董卓。后来连环计用以指一个接一个相互关联的计策，语出《儿女英雄传》第十六回回目："莽撞人低首求筹划，连环计深心作笔谈。"此计是使敌人行动不便并相互牵制，然后我方再趁机围歼敌人的策略。

第三十六计　走为上计

计名出自《南齐书·王敬则传》："檀公三十六策，走是上计，汝父子唯应走耳。"意为败局已定，无可挽回，唯有退却，方是上策。宋代惠洪著《冷斋夜话》有："三十六计，走为上计。"到明末清初，引用此语的人更多，于是有心人采集群书，编撰成《三十六计》。此计指战争中看到形势对自己极为不利时就逃走。现多用于做事时如果形势不利、没有成功的希望就选择退却，是上上策。

陈大威　绘